이 시대를 빛낸 인물 시리즈 1
이태석과 슈바이처
• 봉사와 배려 •

이태석과 슈바이처

정진 글 | 이경국 그림

이 시대를 빛낸 인물 시리즈 1 · 배려와 봉사활동

아주 좋은 날

들어가는 말

　살아 있는 모든 생명체를 사랑한 의사, 슈바이처 박사와 '남수단의 슈바이처'로 불렸던 이태석 신부는 정말 비슷한 점이 많습니다. 두 사람은 가장 어려운 사람들이 있는 아프리카에 가서 살고 싶어 했습니다. 아프리카 사람들이 고난과 가난으로 죽어 가는 것을 그냥 보고만 있을 수 없었기 때문이었습니다. 가난하고 약한 사람들을 돕는 일이 신의 뜻이라고 믿었던 두 사람은 아프리카에 가서 자신의 일생을 바쳤습니다.

이태석 신부는 어린 시절에 슈바이처 박사의 위인전을 읽고 나서 큰 영향을 받았습니다. 훗날 어른이 되어 쓴 자신의 책 〈친구가 되어 주실래요?〉에 이렇게 적었습니다.

'모든 것을 포기하고 아프리카 원주민들이 사는 마을로 들어가 의사와 정신적인 지도자로 평생을 바친 슈바이처 박사는 내 마음을 움직인 아름다운 향기를 가진 분이셨다.'

철학 박사이고 목사였던 슈바이처가 아프리카의 고통받는 사람들을 위해 의사가 되었다면, 이태석 신부는 의사 자격증을 받고 나서 예수님처럼 가장 외롭고 아픈 사람들을 돕기 위해 사제가 되었습니다. 슈바이처 박사와 이태석 신부는 세상에서 존경받으며 부유하게 살 수 있는 길을 스스로 포기한 분들이었습니다.

게다가 신기하게도 슈바이처 박사와 이태석 신부는 음악을 무척 사랑했고 타고난 음악적 재능이 뛰어났습니다. 바흐를 특별히 사랑한 오르간 연주자였던 슈바이처 박사는 오르간 연주회를 자주 열었고 음반 작업과 책도 써 냈습니다. 자신이 사랑한 음악의 도움으로 아프리카 원시림에 세울 병원 건축비를 마련할 정도였습니다.

　어린 시절부터 피아노를 짝사랑하고 모든 악기를 스스로 배웠던 이태석 신부는 중학교 때 벌써 성가를 작사하고 작곡할 실력이 있었습니다. 그래서 내전이 진행 중이던 수단의 톤즈에 가서 전쟁과 가난으로 지치고 마음이 아픈 어린이들에게 음악을 가르쳐 주었습니다. 음악은 톤즈의 아이들에게 자부심과 큰 기쁨을 주었습니다. 총칼이 아니라 아름다운 악기를 든 아이들은 세상을 보는 눈이 달라졌습니다. 미래에 대한 희망도 생겼습니다.

　슈바이처 박사와 이태석 신부는 환자를 종교와 인종과 돈으로 차별하지 않는 의사였고 또 음악가이기도 했습니다. 무엇보다 두 분은 세상에서 가장 가난하고 외로운 사람들을 위해 자신의 모든 재능과 삶을 바치며 진심으로 행복을 느꼈던 분들입니다. 그래서 두 분이 살았던 랑바레네와 톤즈는 덕분에 온 세상에 알려졌습니다. 지금도 랑바레네와 톤즈엔 많은 사람들의 봉사가 이어지고 있습니다.

　학교가 없어서 방황하던 거리의 아이들이 이태석 신부를 만나 학교에 다니게 되었고, 지금은 이태석 신부처럼 되고 싶다며 의대에 진학하거나 졸업하여 우리나라에서 수련의를 하는 제자들도 생겼습니다. 이미 어려운 공부를 다 마치고 의사가 된 제자도 있습니다. 가난한 톤즈 마을의 기적이라고 불릴 정도입니다.

우리는 슈바이처 박사와 이태석 신부를 통해 세상을 바꾸는 힘은 바로 '사랑'이며, 다른 사람들에 대한 연민과 배려라는 것을 배우게 됩니다. 자신보다 더 불행하고 고통 받는 사람들을 위해 살았던 두 분의 삶을 우리는 영원히 기억할 것입니다.

차례

들어가는 말 • 4

이 태 석 • 10

가난했던 어린 시절을 지켜 준 음악 • 13

어려운 길을 선택하다 • 24

톤즈의 유일한 의사가 되다 • 31

학교를 세우고 음악을 가르치다 • 38

씨앗이 아름다운 열매를 맺다 • 58

슈바이처 • 70

공감 능력이 뛰어났던 아이 • 72

훌륭한 음악가였던 슈바이처 • 86

의사가 되기로 결심하다 • 97

아프리카 주민들의 '오강가' • 110

슈바이처의 고향, 랑바레네 • 118

이 태 석

이태석 신부가 잠들어 있는 담양 천주교 공원 묘지에 가면, "너희가 가장 작은 이들 가운데 한 사람에게 해 준 것이 바로 나에게 해 준 것이다."라는 묘비명이 적혀 있습니다. 어린 시절, 가슴속에 가장 와 닿았던 그 성서 구절을 이태석 신부는 평생 동안 마음에 간직하고 살았습니다.

호랑이는 죽어서 가죽을 남기고 사람은 이름을 남긴다는 말이 있습니다. 이태석 신부는 2010년에 세상을 떠났지만, 2018년 아프리카 남수단의 교과서에 그의 이름과 업적이 실렸습니다. 외국인이 남수단 교과서에 훌륭한 인물로 소개된 일은 처음이라고 합니다. 그리고 남수단 공화국 대통령은 훈장과 감사장을 이태석 신부에게 수여했습니다.

2019년, 이태석 신부가 있는 천주교 공원 묘지에 찾아온 외국인 청년들이 있었습니다.

"신부님이 톤즈에서 보여 주신 헌신과 사랑을 우리는 절대 잊지 않을 것입니다."라고 적혀 있는 감사장과 대통령이 수여한 훈장. 신부님의 이야기가 실린 남수단 교과서까지 들고 왔습니다. 건장하고 키가 큰 남수단 톤즈의 청년들이었습니다. 그들은 바로 이태석 신부가 톤즈에서 가르쳤던 제자들이었습니다.

"신부님은 돌아가시지 않았습니다. 신부님이 수년 전에 심고 보살핀 우리 안에 살아 계십니다."

"앞으로도 열심히 잘 살겠다는 약속을 하러 신부님을 뵈러 왔습니다."

제자들은 뜨거운 눈물을 흘리며 이태석 신부의 묘지 앞에서 말했습니다. 또 그들이 공부를 열심히 해서 받은 자격증과 졸업증서를 가지런히 놓았습니다. 의사, 약사, 언론인, 공무원이 된 제자들이 하늘나라에서 기뻐할 이태석 신부를 위해 가져온 선물이기도 했습니다.

가난했던 어린 시절을 지켜 준 음악

몹시 가난한 사람들이 모여 사는 동네가 있었습니다. 산등성이나 산비탈 높은 곳에 있는 집들이라 하늘에 떠 있는 달과 가깝다고 '달동네'라 불리는 곳입니다.

이태석도 그런 달동네에서 태어났습니다. 부산항이 내려다보이는 남부민동은 달동네였습니다. 태석이 살던 집은 한국전쟁이 끝나고 나서 오스트리아 가톨릭 부인회가 어려운 사람들을 돕기 위해 지은 집들 중 하나였습니다. 이태석은 여섯 명의 누나와 두 명의 형이 있었습니다. 나중에 남동생이 한 명 태어나서 10남매가 되었습니다.

어머니는 오래전부터 성당에 꾸준히 다녔습니다. 그 많은 10남매를 모두 데리고 성당에 다녔습니다. 굽이굽이 좁은 골목길을 지나 성당에 가면 넓은 마당이 있었습니다. 그곳은 집에 마당이 없는 아이들에게 놀이터가 되었습니다. 또 성당에는 집에 공부할 공간이 없는 아이들을 위해 신부님이 만들어 주신 공부방도 있었습니다. 그래서 태석은 매일 성당을 찾아갔습니다.

송도 성당은 태석에게 동네 친구들과 어울리는 놀이터였고 또 마음 놓고 공부할 수 있는 공부방이 되기도 했습니다. 덕분에

태석은 아버지가 안 계신 슬픔과 경제적인 어려움도 이겨 낼 수 있었습니다.
 일찍이, 아버지는 태석이 아홉 살 때 돌아가셨습니다. 때문에 집안 형편은 무척 어려웠습니다. 어머니는 성당과 자갈치시장, 국제시장에서 바느질거리를 받아 삯바느질을 하셨습니다. 어머니는 아무리 힘들어도 어린 자식들에게 고통스러운 모습을 보이지 않았습니다. 덕분에 여러 식구가 좁은 집에서 살아도 항상 웃음이 떠나지 않았습니다.

어머니가 온화한 표정으로 정성스럽게 바느질을 하는 모습을 보던 아이들은 자연스럽게 바느질을 배웠습니다.

"엄마, 바지에 구멍 난 것도 꿰맬 수 있어요. 단추도 달 줄 알아요."

태석이가 바느질을 한 걸 보여 주면, 어머니는 활짝 웃었습니다.

"우리 태석이는 손재주가 참 좋구나!"

칼바람이 부는 꽤 추운 날이었습니다. 태석은 누나에게 급히 달려와서 실과 바늘을 달라고 했습니다.

"옷이 찢어졌어? 누나가 기워 줄게."

"그게 아니야. 잠깐만 빌려줘."

태석이 서둘러서 달려 나가자, 누나는 궁금해서 따라가 보았습니다.

"어머나!"

누나는 태석이가 길에서 떨고 있는 거지의 찢어진 바지를 수선해 주는 모습을 보았습니다. 찢어진 구멍으로 찬바람이 들어간다고 실로 꿰매 주는 것이었습니다.

"이렇게 구멍을 막으면 덜 추울 거예요!"

더럽고 지독한 냄새를 풍겨 사람들이 피하는 거지를 마치 소중한 친구처럼 대하는 태석의 모습을 본 누나는 깜짝 놀랐습니다.

태석이 그렇게 했던 까닭은 어릴 때부터 성당에서 신부님이 가르쳐 준 성경 말씀을 기억했기 때문이었습니다. 가장 보잘것없는 형제 한 사람을 대하는 것이 곧 예수님을 대하는 것이라는 말씀을 실천한 것입니다. 오갈 데가 없어 추위에 떨고 있는 거지의 모습이 태석의 눈에는 예수님처럼 보였습니다.

또 태석이 사는 동네엔 부모가 없는 고아들이 모여 사는 고아원이 있었습니다. 그곳에서 고아들의 아버지가 되어 함께 사는 소 신부님을 보면서 태석은 존경심을 느끼게 되었습니다. 소 신부님을 볼 때마다 사람도 꽃처럼 아름다운 향기가 날 수 있다는 사실을 깨달았습니다. 소 신부님뿐 아니라 또 한 분의 훌륭한 신부님을 알게 될 일이 생겼습니다.

"애들아, 오늘은 같이 영화를 보자."

하루는 수녀님이 아이들을 다 불러 모았습니다. 태석과 태석의 두 살 위 형 태영도 함께 영화를 보게 되었습니다. 그 영화는 벨기에 출신인 다미안 신부의 이야기였습니다. 세상에서 버림받고 가장 불쌍하게 사는 한센인들이 모여 사는 하와이 몰로카이 섬에 가서 가족이 되어 함께 살았던 다미안 신부는 결국 한센병에 걸리게 되었습니다. 다미안 신부는 한센병에 감염이 된 것을 불행하게 여기지 않았습니다. 오히려 한센병에 걸려 그들과 한 가족이 되었다고 기뻐하였습니다. 그렇게 한센인들과 어울려 함께 지내다가 결국 49세의 나이에 세상을 떠났습니다. 실제로 있었던 다미안 신부의 삶을 보면서 태석과 태영은 펑펑 울었습니다.

"다미안 신부님은 정말 훌륭하시다!"

"신부님이 되면 정말 예수님처럼 살게 되나 봐!"

그때부터 태석과 태영 형제의 마음 깊은 곳엔 사제가 되고 싶다는 꿈이 생겼습니다. 게다가 책을 좋아한 태석은 존경하는

슈바이처를 처음으로 책에서 만나게 되었습니다. 아프리카에 가서 슈바이처가 의료 봉사를 했던 일은 어린 마음에 놀라웠고 무척 감동적이었습니다. 나중에 어른이 되어서까지 기억할 만큼 마음속에 깊이 새겨졌습니다.

슈바이처가 음악을 사랑했던 것처럼 태석도 음악을 무척 좋아하는 아이였습니다. 태석은 악기만 보면 가슴이 콩닥콩닥 뛰었습니다. 한번 배우겠다고 마음을 먹으면 고집이 대단했습니다. 태석은 모르는 악기를 스스로 독학해서 배우려고 했습니다. 학원에 다니며 배울 형편이 안 되었기 때문이었습니다. 그래서 악기에서 제대로 소리가 날 때까지는 밥도 먹지 않고 연습에 매달렸습니다.

유난히 마음이 끌린 악기는 피아노였습니다. 피아노의 빠르고 경쾌한 소리는 혀에서 살살 녹는 달콤한 솜사탕 같았습니다. 깊고도 장엄한 베이스 건반 소리는 마치 피아노의 나무망치가 영혼 깊은 곳의 현을 사정없이 두들겨 대는 듯했습니다. 태석은 피아노를 배우고 싶은 마음이 너무 강렬했습니다. 하지만 피아노는 피리나 기타 같은 간단한 악기가 아니었습니다.

누군가에게 빌려서 익힐 수 있는 게 아니었기 때문입니다. 잘 사는 동네에서도 많아야 한두 집 정도만 피아노를 가지고 있던 때였습니다. 레슨을 받는 것 외에는 피아노를 배울 수 있는 다른 방법이 없었지만, 태석은 집안 형편을 빤히 알고 있었습니다. 10남매의 학교 등록금을 대기도 빠듯했던 어머니의 사정을 잘 알았습니다.

'아무리 피아노가 배우고 싶어도 꾹 참자! 고생하시는 어머니한테 절대 말도 꺼내지 말아야지.'

무척 마음이 아팠지만 태석은 기꺼이 꿈을 포기했습니다.

그런데 피아노에 대한 짝사랑은 슬프게 끝나지 않았습니다. 성당에는 피아노와 비슷한 작은 풍금이 있었기 때문입니다.

"풍금이다!"

태석은 아무도 없는 조용한 성당에 들어가 풍금을 쳐 보았습니다. 성가 책을 교본으로 삼아서 건반을 눌렀습니다. 누가 오는 줄도 모르고 열중해서 치고 있었습니다.

'미사도 없는 시간에 웬 풍금 소리가 들릴까?'

어리둥절해서 성당에 들어온 수녀님은 깜짝 놀랐습니다. 태석이가 풍금을 치고 있었기 때문이었습니다. 성가를 부르며 풍금을 치는 솜씨가 예사롭지 않았습니다.

"성가를 잘 불러서 노래 솜씨는 알고 있었지만, 풍금에도 소질이 있었네!"

수녀님은 태석을 칭찬했하며 언제든지 성당에 와서 풍금을 연습해도 좋다는 말도 덧붙이셨습니다.

"우와, 신난다!"

그때부터 태석은 마음 놓고 풍금을 실컷 칠 수 있었습니다. 하루도 빠지지 않고 시간이 날 때마다 성당에 와서 풍금을 치다 보니 몇 달이 금방 흘러갔습니다. 이젠 성가 악보를 보지 않고도 외워서 잘 칠 수 있게 되었습니다.

"우와, 정말 잘 치는구나! 이젠 태석이가 어린이 미사 반주를 맡아 주면 참 좋겠다."

"정말 제가 해도 되나요?"

태석은 기뻐서 활짝 웃었습니다. 수녀님과 신부님의 칭찬을 듬뿍 받으며 태석은 어린이 미사의 반주를 맡게 되었습니다.

태석은 오후 여섯 시쯤 성당에 풍금을 치러 갔습니다. 풍금은 노란빛의 오후 햇살이 내려앉는 곳에 놓여 있었습니다. 묘하게도 제대 위에 걸려 있는 십자가 위의 예수님이 풍금을 바라보는 것처럼 느껴졌습니다. 태석은 풍금을 치면서 예수님이 따스한 햇살처럼 자신을 바라보는 것만 같았습니다. 그래서 조금도 외롭지 않았습니다.

'피아노를 배우지 못해서 슬퍼하는 나를 예수님이 위로해 주시는 것만 같아!'

풍금을 치면서, 노래를 부르면서, 태석은 허전하던 마음이 뿌듯하게 채워지는 느낌이 참 좋았습니다.

태석은 초등학교 시절엔 목소리가 맑고 높은 음까지 올라가서 성가대의 소프라노를 맡아 노래를 잘 불렀습니다. 또 중학교 땐 음악 선생님으로부터 독창과 작곡을 배워 콩쿠르에 나가 여러 번 상을 받기도 했습니다. 그러고 보면 음악적 재능을 타고난 것인지도 몰랐습니다. 태석이 중학교 3학년 때 작사하고 작곡한 〈묵상〉이란 곡이 있습니다.

조용한 침묵 속에서

주 말씀하셨지

사랑

사랑

사랑 오직 서로 사랑하라고

난 영원히 기도하리라 세계 평화 위해

난 사랑하리라 내 모든 것 바쳐[1]

이미 청소년 시절부터 앞으로 살고자 하는 삶에 대한 의지와 결심을 다지고, 노래에 담은 것이었습니다. 오늘날 이 노래는 많은 사람들이 기억하고 성당에서 부르는 성가가 되었습니다.

어려운 길을 선택하다

새로운 것을 배우기 좋아하는 태석은 탐구 정신이 강했습니

---

1) 이태석 신부가 중학교 3학년 때 작사, 작곡한 노래 〈묵상〉 중에서 인용함.

다. 모르는 것은 알게 될 때까지 포기하지 않고 매달렸습니다. 그래서 학교 공부도 스스로 열심히 해서 성적이 아주 뛰어났습니다.

"우리 태석이가 공부를 잘해서 엄마는 힘이 나는구나!"

하루 종일 삯바느질을 하느라 허리 펼 시간도 없는 어머니는 얼마나 기쁜지 몰랐습니다. 게다가 남들이 가기 어렵다는 의과 대학도 단번에 붙었습니다. 태석이 의대에 진학하자 가족들은 모두 기뻐했습니다. 태석이 의사가 되면 어려운 집안 형편도 나아지고 어머니도 편히 사실 수 있으리라 생각했기 때문이었습니다.

태석은 이렇게 집안의 희망이 되었습니다. 방학이 되면 틈틈이 의료 봉사 활동을 다녔고, 공부도 항상 열심히 했습니다. 또 사랑하는 음악도 손에서 놓지 않았습니다. 의과대학에 가서도 친구들과 악기 연주를 틈이 날 때마다 했습니다.

"태석이는 팔방미인이야! 못 하는 게 하나도 없어."

대학 친구들이 별명처럼 '팔방미인'이라고 부를 정도였습니다.

태석은 의과 대학을 우수한 성적으로 졸업하고 의사 자격증도 순조롭게 땄습니다. 이후에는 곧바로 군 복무를 하기 위해 군의관이 되었습니다.

천안에서 군의관 시절에 태석은 마음 한구석이 늘 텅 비어 있는 느낌이었습니다. 어머니를 위하는 마음으로 가족들 희망대로 의사가 되었지만 남의 옷을 입고 있는 것만 같았습니다. 그러다가, 오랫동안 성당에서 기도를 하던 중 사제가 되고 싶은 자신의 간절한 마음을 깨달았습니다.

이미 태석의 집안엔 두 살 위의 형인 태영이 수도원 사제가 되었고 누나도 수녀가 되었습니다. 형제 중에 두 명이나 수도자가 나왔기 때문에 어머니께 말씀을 드리기가 더욱 힘들었습니다. 태석은 무척 괴로웠습니다. 하지만 더 이상 자신의 마음을 감출 수가 없었습니다.

"어머니, 저를 위해 얼마나 어렵게 일하셨는지 잘 알고 있어요. 의대 공부를 뒷바라지하시느라 고생도 많으셨지요. 정말 죄송해요!"

태석은 흐느껴 울면서 어머니께 고백했습니다.

"제 마음이 자꾸 하느님께 끌리는 걸 어찌할 수가 없어요. 수도원에 들어가 사제가 되고 싶어요. 돈을 많이 벌어 어머니께 효도도 못 하고 떠나게 되어 너무나 죄송해요. 저도 어머니만 생각하면 가슴이 너무 아파요!"

처음엔 펄쩍 뛰었지만, 어머니는 더 이상 태석을 막을 수가 없었습니다. 하느님과 자식은 이길 수 없다고 생각한 어머니는 좋은 일을 하겠다는 아들의 뜻을 결국 허락해 주었습니다.

태석은 29세의 나이에 살레시오 수도원으로 들어갔습니다. 살레시오 수도원은 아이들을 좋아하던 태석과 잘 맞는 곳이었습니다. 모든 사람에게 봉사하지만 특별히 청소년들을 위해 세워진 수도회로, 돈 보스코 성인이 설립한 곳이었습니다. 어려운 환경에 처한 청소년들을 사랑으로 교육하여 스스로 삶을 개척할 수 있도록 돕는 공동체였습니다. 태석은 바로 그런 일이 꼭 하고 싶었습니다.

살레시오회에 들어간 뒤에 태석은 로마로 유학을 떠났습니다. 로마에서 어려운 신학 공부를 끝까지 잘 마치고 아프리카로 봉사를 떠나게 되었습니다. 그러곤, 그곳에서 만난 한 신부님의 소개로 세상에서 가장 가난한 남수단의 톤즈에 첫발을

딛게 되었습니다.

"세상에 이런 곳이 있었다니!"

태석은 정말 큰 충격을 받았습니다. 태석도 어린 시절에 무척 가난했지만, 톤즈의 아이들과는 비교가 되지 않았습니다. 하루에 밥 한 끼도 먹기 힘든 아이들은 마실 물조차 없었습니다. 깨끗한 물이 없어서 더러운 물을 먹는 바람에 말라리아 같은 전염병에 걸리기 일쑤였습니다. 톤즈는 태석이 살면서 본 가장 가난하고 절망적인 땅이었습니다. 톤즈를 다녀오면서 태석은 말라리아 병에 걸리고 말았습니다. 거의 죽을 만큼 아팠다가 겨우 회복되었습니다.

"이제 다시는 아프리카에 가지 말게!"

태석의 친구들이 말했습니다. 당연히 태석이 다시는 아프리카에 가지 않을 줄 알았습니다. 하지만 태석은 뜻밖에도 이렇게 말했습니다.

"내가 말라리아에 걸리는 바람에 아픈 사람들의 고통을 잘 알게 되어 오히려 다행이라고 생각하는걸!"

태석은 빙그레 웃으면서 자신이 갈 곳을 찾았다고 했습니다.

태석은 톤즈 아이들의 눈빛을 잊을 수가 없었습니다. 나라가 서로 나뉘어 전쟁을 하는 중이라서 아이들은 몸과 마음의 상처가 깊었습니다. 바로 눈앞에서 가족들이 총에 맞아 죽어 가고 폭탄을 맞아 누군가 세상을 떠나는 일이 흔했습니다. 집안에 아버지가 없으면 어린 아들이 총을 들고 전쟁터에 나가야 하는 상황이었습니다. 그런 아이들을 위해서라도 태석은 자신이 꼭 톤즈로 가야 한다고 마음을 굳게 먹었습니다.

"가장 가난하고 외로운 사람들을 보살피는 일이 바로 예수님을 따르는 일이야!"

태석은 37세에 사제 서품을 받고 정식으로 사제가 되었습니다. 그는 우리나라 신부로는 최초로 스스로 원해서 아프리카 톤즈로 떠나게 되었습니다. 어머니는 또 한 번 놀라고 걱정이 되었습니다.

"하필이면 왜 세상에서 가장 위험하고 가난한 곳에 간다는 게냐?"

이번에도 역시 하느님을 향한 아들의 사랑을 꺾을 수는 없었습니다. 태석은 아직도 전쟁이 일어나고 있는 위험천만한 그

가난한 땅으로 목숨을 걸고 떠났습니다.

톤즈의 유일한 의사가 되다

태석은 톤즈에 도착하자 무엇부터 시작해야 할지 한없이 막막했습니다.

이곳은 '거꾸로 가는 세상'이었습니다. 모든 것이 우리나라와는 반대였습니다. 전기, 전화, 텔레비전은 물론이고 슈퍼마켓도 없었습니다.

섭씨 45도를 넘나들 만큼 날씨는 뜨거웠고, 채소와 식료품이 턱없이 부족했습니다. 너무나도 열악한 환경이었습니다. 그래서 우선 아픈 사람들을 위해 병원부터 시작했습니다. 부상을 당해 아프거나 전염병에 걸려 죽어 가는 사람들을 구하는 일이 가장 급했습니다. 처음엔 움막에서 진료를 시작해야 했습니다. 그러다 멀리서 며칠을 걸어오는 환자들을 위한 입원실도 필요해서 병원을 짓기 시작했습니다.

톤즈에서는 건축 자재를 구할 수가 없었습니다. 작은 못 하나도 가까운 나라인 케냐의 나이로비에서 구해야 했습니다. 하지만 태석은 결코 포기하지 않았습니다. 마치 건축가처럼 병원을 짓기 위해 온갖 노력을 다했습니다. 톤즈 강의 모래를 섞어 없던 벽돌도 만들어 냈습니다. 그렇게 애써서 1년 만에 공사를 끝냈습니다. 태석은 병원이 완성되자, 자신의 능력이 아니라 불쌍하고 가난한 병자들을 끔찍이 사랑하시는 하느님의 은총으로 받아들였습니다.

태석은 톤즈의 유일한 의사였기 때문에 하루에도 아주 많은 환자들을 돌보았습니다. 새벽에도 환자들이 멀리서 찾아올 때가 있었습니다. 톤즈에 의료 봉사를 나와 1년 있었던 후배 의사는 훗날 이렇게 회상했습니다.

"밤에 환자가 왔다고 신부님을 모시러 가면, 방문을 두 번 두드리게 하신 적이 없었습니다. 신부님은 한 번도 짜증을 내지 않으셨어요!"

잠이 부족하고 몸이 피곤했을 태석인데도 항상 웃는 얼굴로 환자들을 돌보았습니다.

하루는 할아버지 한 분이 병원에 실려 왔습니다. 의식을 잃은 채 눈을 감고 있어 눈을 보진 못했지만 병력과 일그러진 인상을 보아하니 말라리아가 분명해 보였습니다. 정확한 진단을 내리기 위해 태석이 검사를 준비하고 있는 사이, 가족 중 한 명이 달려왔습니다. 환자인 할아버지가 숨을 쉬지 않는다는 것이었습니다. 태석이 급히 가 보니 진짜 숨이 멎어 있었고 심장도 뛰지 않았습니다. 가족들은 죽었다며 땅바닥을 뒹굴며 울어대고 있었습니다. 그야말로 응급 상황이었습니다. 가족들을 다 내보내고 태석은 급히 심폐 소생술을 시작했습니다. 심장 마사지와 함께 앰부 백으로 공기를 주입하기 시작했습니다. 3분 정도 지났을 때였습니다. 다행히도 환자가 "푸우" 하며 숨을 내쉬더니 다시 심장이 뛰기 시작했습니다. 기적 같은 일이었습니다. 얼마 후에 환자의 호흡이 고르게 돌아와 "물! 물!" 하며 말을 하기 시작했습니다. 그렇게 의식을 되찾았고 훨씬 좋아져서 다음날 퇴원했습니다. 가족들은 정말 죽은 사람이 살아났다고 기뻐하며 머리가 땅에 닿도록 감사 인사를 했습니다.

태석은 훗날 〈친구가 되어 주실래요?〉란 책에 '영혼의 전문가'가 되어야 한다고 썼습니다.

수단은 전염병이 많은 곳이었습니다. 환자들의 90퍼센트 이상이 전염병 때문에 병원을 찾아왔습니다. 전염병 중에서도 말라리아가 단연 1위였습니다. 하루 이틀 만에 목숨을 잃게 만드는 악성 말라리아도 있었습니다. 그 밖에 결핵, 이질, 장티푸스 등의 환자들도 꽤 있고 가끔 콜레라나 전염성 뇌막염도 기승을 부려 많은 사람의 목숨을 앗아 가기도 했습니다. 이렇게 전염병이 만연한 데는 여러 가지 이유가 있었습니다. 강한 햇빛이나 축축한 우기 등의 열악한 환경과 위생 관념이 부족한 탓이었습니다. 또한 영양 부족으로 면역 기능이 떨어진 것 역시 큰 원인 중 하나였습니다.

태석은 이러한 전염병들이 우리나라 KTX 열차보다 훨씬 더 무서운 속도로 순식간에 수단 전 지역으로 퍼져 많은 사람들의 목숨을 앗아 간다고 표현습니다.

그래서 태석은 그리스도인들이 영혼의 전문가가 되어야 한다고 보았습니다. 스쳐 지나는 사람들의 영혼에도 무언가를 남기고 그 영혼을 움직이게 할 수 있는 그런 능력의 소유자가 되어야 한다고 생각했습니다. 태석은 사람들을 만날 때 우리가 만나는 것은 그 사람의 육체가 아니라 하느님이 창조한, 그리고 하느님의 모습을 닮은 아름다운 영혼, 썩어 없어지는 육체가 아닌 영원히 남아 영생을 누릴 고귀한 영혼을 만나는 것이라고 믿었습니다. 그래서 그런 영혼의 전문가가 되어야겠다고 스스로 다짐했습니다.

'만나는 모든 사람들과 최선을 다해 대화하고 최선을 다해 사랑하다 보면 언젠가는 우리도 영혼의 전문가가 될 수 있지 않을까.'

어려운 상황에서 도움을 필요로 하는 사람들에게 진실한 마음으로 배려하다 보면 고귀한 영혼을 만날 수 있다고 생각했던 태석은 매주 수요일마다 먼 곳의 숲속 마을로 이동 진료를 나갔습니다. 지프에 약품 상자와 물, 그리고 비스킷과 옷 등을 싣고 아침 일찍 출발했습니다. 마을에 도착하여 차 경적을 울리면 남녀노소 할 것 없이 앞다투어 모여들었습니다. 진료를 받아 약도 받고 운 좋으면 주사까지 맞을 수 있는 소중한 기회였기 때문이었습니다.

모두 가난한 곳이지만 그중에서도 가장 가난하고 외로운 사람들은 바로 한센인들이었습니다. 감각이 없어 손과 발에는 항상 상처가 많고, 고름이 터진 상처 때문에 악취가 심했습니다. 차마 집이라고 할 수 없는 초라한 움막에서 사는 그들은 가족과 사회로부터 버림받아 마음의 상처 또한 깊었습니다.

태석은 이들의 겉모습이 아니라 아름다운 영혼을 알아보았습니다. 이들에게 태석은 식량을 배급하고 또 들어가 쉴 수 있는 집을 지어 주었습니다. 또 간단한 농사를 지을 수 있도록 땅을 마련해 주었습니다. 태석은 꾸준히 마을에 들러 각별한 사랑을 베풀었습니다. 고름이 흐르는 그들의 손과 발을 직접 만지며 치료를 해 주었고 신발이 없는 한센인들을 위해 직접 본을 떠서 발에 딱 맞는 신발을 만들어 갖다 주었습니다. 태석은 어린 시절 형인 태영과 함께 영화로 보았던 다미안 신부의 삶을 항상 존경해 왔습니다. 그래서 한센인들에 대한 이해와 사랑이 남달랐습니다. 태석의 형인 이태영 신부도 한센인들을 돕는 사제가 되었으니, 형제의 어린 시절 마음은 어른이 되어서도 한결같았습니다. 한센인들과 친구가 되려고 노력한 태석의

진심은 통했습니다. 한센인들은 몸은 힘들었지만 마음이 아름다운 사람들이었습니다. 아주 작은 일에도 감사를 느끼고 표현할 줄 알았습니다. 배려의 마음을 알아보는 듯 성하지 않은 손발로 어렵게 농사 지은 호박이나 날씬한 아프리카 토종닭을 들고 와 고맙다며 선물로 주었습니다.

학교를 세우고 음악을 가르치다

병원 공사를 시작할 즈음에 태석은 마을을 둘러보다 또 하나 시급한 문제를 발견했습니다. 환자들을 돌보는 것도 급한 일이었지만 학교가 없어 하루 종일 거리를 방황하는 아이들을 보았습니다. 태석은 톤즈의 아이들을 위해 계속 기도했습니다. 오랜 전쟁 탓에 아이들은 평상시에도 분노와 미움으로 가득 찬 생활을 했습니다.

이곳의 아이들은 툭하면 싸움으로 문제를 해결하려고 했습니다. 전쟁이 길어지다 보니 어린아이들까지 전쟁터로 내몰리는 불행한 상황이 계속되었습니다. 집안에 아버지가 죽고 없으면 아이가 대신 전쟁터에 나가야 했기 때문이었습니다. 그래서 아이들은 희망이 없었습니다. 미래에 대한 꿈을 꿀 수도 없었습니다.

"예수님, 당신이라면 이곳의 아이들을 위해 무엇을 하시겠습니까?"

태석은 마음속으로 주님의 응답을 느꼈습니다. 학교를 지으라는 소리가 마음속으로 들려왔습니다.

"그래, 학교를 짓자!"

그래서 전쟁으로 폐허가 된 옛 학교 건물에 다시 벽을 쌓고 지붕을 얹고 창문을 만들고 문을 달았습니다. 그랬더니 비가 와도 쓸 수 있는 깔끔한 교실이 되었습니다.

태석은 가난한 청소년을 '정직한 시민'으로 길러 낸 돈 보스코 성인처럼 아이들을 가르쳐야겠다고 결심을 했습니다. 아이들을 구할 수 있는 건 교육이라고 믿었던 태석은 당장 학교를 시작했습니다. 배우지 않으면 아이들의 미래도, 나라의 미래도 없다고 확신했습니다.

교실에서 처음 수업하는 날, 눈빛이 초롱초롱한 아이들을 보면서 태석은 기쁨의 눈물을 흘렸습니다. 특히 가난한 어린이와 젊은이들을 더욱 사랑하시는 하느님의 사랑을 느끼며 태석은 감사의 기도를 올렸습니다.

그리고 태석은 아이들에게 음악을 가르치기 시작했습니다. 장기간의 전쟁은 건물뿐만 아니라 아이들의 마음에도 상처를 냈습니다. 태석은 음악이 전쟁과 가난으로 생긴 아이들의 상처를 어루만지고 치료할 수 있다고 믿었습니다. 자신이 바로 그렇게 음악의 도움을 받았기 때문이었습니다. 피아노를 짝사랑하던 가난한 소년이 성당에서 풍금을 치며 보냈던 시간은 소중하고 은혜로웠으니까요.

가난했던 어린 시절을 지켜 준 그 음악을 톤즈의 아이들에게 선물하고 싶었습니다. 태석은 음악을 통해 아이들의 마음에 기쁨과 희망의 씨앗을 심어 주고 싶었습니다.

처음에는 피리와 기타 그리고 오르간으로 시작했습니다. '도레미파솔라시도'를 생전 처음 들어 보는 아이들에게 악기를 가르치는 것이 퍽 어려울 줄 알았습니다. 하지만 예상외로 악기를 익히는 속도가 상당히 빨랐습니다. 몇몇 아이는 피리는 물론이고 기타를 배운 지 하루 이틀 만에 노래를 불러 가며 연주하기도 했습니다. 아이삭과 같은 천재적 재능을 지닌 아이들은 일주일 만에 오르간을 양손으로 연주하기 시작했습니다. 원래 북을 치던 톤즈의 아이들이 타고난 음악적 감각 덕분이었습니다.

태석은 그런 아이들을 보면서 어린 시절에 처음 악기를 대할 때처럼 가슴이 콩닥거렸습니다. 마치 진흙에서 진주를 찾은 느낌이었습니다.

'주님, 감사합니다. 당신께서 먼저 이곳에 오셔서 이곳 아이들에게 작은 씨앗을 뿌려 놓으셨군요. 당신이 뿌린 씨앗들이 싹을 틔울 수 있게 물과 거름을 잘 챙겨 주겠습니다.'

태석은 그런 기도가 저절로 나왔습니다.

이윽고, 우리나라에서 태석이 하는 일을 돕는 은인들 덕분에 악기들을 모두 갖추게 되었습니다. 트럼펫, 트럼본, 클라리넷 등의 악기로 구성된 35명의 제법 큰 '브라스 밴드부'가 결성됐습니다. 태석도 처음으로 직접 만져 보는 악기들도 있었습니

다. 새 악기를 대하는 태석의 가슴은 여전히 콩닥거렸지만 어린 시절과 달랐습니다.

'나를 위해서가 아니라 아이들을 가르치기 위한 것이지! 진정하자 진정해!'

아이들에게 가르치기 위해 악기에 끼어 있는 설명서를 보면서 독학했습니다. 태석은 이렇게도 불어 보고 저렇게도 불어 보며 연습을 계속했습니다. 이리 뚝딱 저리 뚝딱 하다가, 일주일 후엔 모든 악기들의 기본 스케일(음계들의 자리)과 악기를 제대로 부는 요령을 터득했습니다. 그러고는 아이들에게 직접 레슨하며 가르쳐 주었습니다. 기적처럼 아이들은 금방 악기를 배워 나갔습니다.

첫 곡을 합주하려면 적어도 두세 달은 걸리리라 생각한 태석의 예상은 빗나갔습니다. 대부분의 아이들이 하루 이틀 만에 적어도 한 옥타브 음계의 소리를 쉽게 불어 대고 있었습니다. 정말 대단한 아이들이었습니다. 소 치는 아이들이 풀피리 불 듯이, 아이들은 어려운 금관 악기들을 쉽게도 손에 익혔습니다.

합주 연습 후 나흘째 되는 날 아이들은 첫 합주곡을 다 같이 연주해 냈습니다. 그날의 그 감격을 태석은 글로 표현할 수 없다고 느꼈습니다. 그날은 이곳 톤즈를 수십 년간 어지럽히던 총성 대신 클라리넷과 플루트 그리고 트럼펫의 아름다운 멜로디가 울려 퍼진 의미 깊은 날이었습니다. 연주가 끝난 후 밴드부에서 클라리넷을 연주한 '꾸아인'이란 아이는 소감문에 이렇게 적었습니다.

"음악도 하느님의 창조물이라고 했던 신부님의 말씀이 이제야 이해가 갑니다. 이렇게 아름다운 음악을 하느님이 창조하시지 않았다면 그 누가 창조할 수 있을까요. 총과 무기를 녹여서 트럼펫과 클라리넷을 만들어 톤즈에서 수십 년간 들려오던 총소리 대신 아름다운 음악 소리가 울려 퍼지게 하면 얼마나 좋을까요."

밴드를 시작한 지 두 달쯤 되었을 때 '천사의 양식'이라는 클래식 성가를 시도해 보았습니다.

"주께 구하오니 우리의 믿음을 어여삐 보시어 하느님 계시는 광명의 나라로 당신 백성 이끄소서, 아멘"

그리고 아이들이 빠르고 경쾌한 음악보다 심금을 울리는 장엄하고 느린 곡들을 훨씬 더 좋아한다는 것을 깨달았습니다.

태석은 어릴 적에 피아노 레슨을 받고 싶어 했던 일, 가난 때문에 성당에서 풍금만을 쳐야 했던 일, 얼굴을 따갑게 내리비추던 성당의 오후 햇살과 십자가 위에서 따스한 시선으로 지켜봐 주시던 예수님의 모습도 스쳐 지나갔습니다. 그리고 이곳의 가난, 전쟁, 파괴 등이 하나의 영상처럼 지나갔습니다. 비록 가난하지만 하느님으로부터 소중한 달란트인 음악적 재능을 받은 이곳 아이들의 모습이 태석의 어린 시절 모습과 겹치기 시작했습니다. 태석은 눈물이 주르륵 흘러내렸습니다. 그제야 모든 것이 이해가 되었습니다. 한국에서 태석이 살았던 과거와 수단에서 선교사로서 살아가는 현재가 시공을 초월하여 하나가 됨을 느꼈습니다. 이 모든 일이 마치 하느님에 의해 짜인 하나의 퍼즐 같다는 생각이 들었습니다. 감사의 눈물이 장맛비 내리듯 끊임없이 흘러내렸다고 태석은 자신의 책에 썼습니다.

기타와 오르간을 연주하던 음악반이 서른다섯 명의 브라스 밴드부로 성장하고, 밴드는 자연스레 톤즈의 자랑거리가 되었습니다.

태석은 브라스 밴드부 아이들과 아주 특별한 여행을 하기도 했습니다. 그 특별한 음악 여행은 돈 주고도 살 수 없는 짜릿하고 신나는 여행이었습니다.

로마에서 한 추기경님이 교구 설정 50주년 행사와 이탈리아 정부에서 시공한 '철제 다리 축성식'을 위해 이곳 룸벡 교구를 방문한 적이 있었습니다. 태석과 브라스 밴드부가 그곳에 초대를 받았습니다. 그래서 행사 하루 전날, 5톤짜리 트럭을 타고 120킬로미터나 떨어진 룸벡으로 가야 했습니다. 트럭 뒤 칸에 악기와 서른다섯 명의 아이들이 타고 나니 그야말로 콩나물시루 같았습니다.

게다가 길이 험해 시속 20킬로미터 정도밖에 속도를 내지 못하는 바람에 시간이 8시간이나 걸리는 긴 여행이 되었습니다.

"머리와 눈썹에 밀가루처럼 뽀얀 먼지를 썼어!"

"하하하하!"

아이들은 먼지를 쓴 자신들의 우스꽝스러운 모습을 보면서도 키득키득 웃으며 즐거워했습니다. 뭐가 그리 좋은지 재잘대고 노래를 부르기도 했습니다. 누구 하나 짜증을 부리지 않고 지치지도 않았습니다.

룸벡에 도착하자마자 다음 날은 아침부터 공항으로 향해 교구 설정 50주년 행사에 참여했습니다. 또 다리 축성식에 가서 관악기를 온종일 불어 대야 했습니다. 두 행사를 마치고 돌아왔을 때 아이들은 모두 지쳐 있었습니다. 태석은 그런 아이들에게 너무 미안하고 안쓰러웠습니다.

'우리 아이들에게 시원한 콜라 한 병씩 사 주어야지!'

태석은 그렇게 마음먹고 룸벡에 돌아오자마자 아이들을 레스토랑에 데려갔습니다. 콜라가 한 병에 오천 원씩이나 하는 최고급 레스토랑이었습니다.

"이게 콜라라고?"

"이 까만 물이 콜라야?"

대부분의 아이들에겐 생전 처음 보는 콜라였습니다. 냉장고에서 시원해진 차디찬 콜라는 더더욱 처음이었습니다. 아이들은 너무 좋아서 어쩔 줄 몰라 했습니다.

"앗, 차가워!"

"맨손으로 못 잡겠어."

생전 차가운 것을 만져 본 적이 없는 아이들이었습니다. 병을 맨손으로 잡지 못해 휴지로 싸서 잡고 마셨습니다. 아이들은 톡톡 쏘는 탄산가스가 코에 부딪혀 마시는 데 시간이 꽤 걸렸습니다.

"우와!"

"진짜 맛있다!"

콜라 한 병으로 아이들은 너무나 행복한 표정을 지었습니다. 태석은 콜라를 마신 뒤 에 레스토랑에 온 외국인 손님들에게 '브라스 밴드'를 직접 소개했습니다. 그러면서 손님들이 원하면 즉석 연주도 할 수 있다고 하자, 외국인 손님들은 박수를 치며 환영했습니다.

아프리카 사막의 마을 한가운데서 만난 그럴듯한 밴드 복장을 한 흑인 아이들의 연주가 신기했던 것입니다. 많은 손님들이 카메라와 비디오를 챙겨 들고 브라스 밴드 주위로 모여들었습니다. 브라스 밴드 아이들은 열심히 연습해 온 음악을 연주했습니다.

"와우!"

"훌륭하고 감동적이에요!"

사람들이 기대했던 것보다 연주의 수준이 높았던 것입니다. 많은 사람들이 감동을 받으며 입을 다물지 못했습니다. 그때, 한 사람이 일어나서 태석이 쓰고 있던 모자를 벗겨 들고 갔습니다. 모자 안에 지폐 한 장을 담은 후에 다른 사람들에게도 모자를 돌리기 시작했습니다. 한순간에 계획에도 없던 길거리 음악회가 되어 버렸습니다. 사람들이 태석의 모자에 담아 준 돈은 의외로 생각보다 더 많은 수입이 되었습니다. 그 모습을 지켜보던 레스토랑 주인은 싱글벙글 웃었습니다.

"괜찮아요. 콜라값은 받지 않겠습니다."

덕분에 태석과 브라스 밴드 아이들은 콜라값을 내지 않았습니다. 브라스 밴드 아이들은 이 모든 일이 신기하고 즐겁기만 했습니다. 트럭 뒤 칸을 타고 먼 거리를 다니느라 몸은 힘들었지만, 태석과 아이들에게는 평생 잊지 못할 소중한 추억이 되었습니다.

또 톤즈에서 200킬로미터 떨어진 '쿠와족'이라는 곳에 수단의 남쪽을 대표하는 지도자(현 남수단 대통령)가 방문을 하였는데 그곳에도 초대받아 가기도 했습니다. 이렇게 국가에서 하는 중요한 행사에 초대를 받은 아이들은 무척 자랑스러워했습

니다. 브라스 밴드가 들려주는 아름다운 음악 소리가 울려 퍼지면 사람들은 신기해하고 감탄했습니다. 총칼이 아니라 악기를 든 아이들의 훌륭한 연주는 많은 사람들의 마음을 감동시켰습니다.

하루는, 태석이 보름달이 너무나 아름다워 마을로 산책을 나간 적이 있었습니다. 집 밖에 나와 있던 많은 아이들이 인사를 했습니다. 대부분의 아이들이 공책이나 책을 무릎에 펴 놓고 그것들을 읽고 있었습니다. 달빛으로도 책을 읽는 아이들을 보았습니다. 전기가 없어 집 안에선 공부를 하지 못하고 달빛을 이용해 공부를 하고 있었습니다.

배도 고프겠지만 그보다도 배움을 고파 하는 기특한 아이들을 본 태석은 아이들이 공부할 수 있는 여건을 마련해 주기로 결심했습니다. 그래서 전등이 세 개 달려 있는 간이 성당을 밤에 자습실로 쓰도록 했고 병원의 환자 대기실에도 전등을 달아 야간 학습실로 쓰기 시작했습니다. 그러자 매일 밤 많은 아이들이 공부할 것을 들고 찾아왔습니다.

처음엔 태양열을 이용한 전기라 용량이 부족해 밤 9시까지만 공부를 하게 했습니다. 아이들은 30분만 더 공부할 시간을 늘려 달라고 졸라 댔습니다. 태석은 전동기를 돌려 가며 9시 반까지 공부 시간을 늘렸습니다. 몇 달이 지나자 그것도 부족해 "30분만 더요!" 하며 졸라 대는 아이들이 생겼습니다.

'공부하라고 애원을 해도 하지 않는 아이들도 있는데, 그래! 하고 싶은 공부 실컷 한번 해 봐라!'

태석은 결국은 밤 11시까지 자습실 운영 시간을 늘렸습니다. 자습을 시작할 때 다 같이 주님의 기도를 바치고, 끝날 때도 누가 시키지 않아도 함께 일어나 성모송으로 마무리하는 이곳 아이들을 보며 태석은 얼마나 기특하고 예쁜지 몰랐습니다.

한편 톤즈엔 아직 고등학교가 없었습니다. 중학교를 마치고 공부를 계속하고 싶은 아이들은 근처에 고등학교가 없어 120킬로미터 떨어진 다른 도시로 유학을 가야 했습니다. 없는 살림에 새로운 곳에서 스스로 먹고 자는 것을 해결하는 것은 보통 큰일이 아니었습니다. 그래서 많은 아이들이 중학교를 마치면 그렇게 하고 싶어 하는 공부를 할 수 없이 포기해야 했습니다. 게다가 형편이 조금 나아서 시내로 유학을 갔던 아이들도 중도에 포기하고 되돌아오는 경우가 많았습니다. 고등학교 수업 수준이 형편없이 낮았고 선생님 수도 모자라서 제대로 공부할 수가 없었기 때문입니다. 그나마 있는 선생님들마저 적은 월급 때문에 학교에 제대로 나오질 않아 정해진 시간표도 없

었습니다. 학생들도 교사가 올 때까지 기다리다 교사가 오면 하루 한두 시간 정도 수업을 하고 그나마 선생님이 오지 않는 날엔 하루 종일 한 시간의 수업도 하지 못하고 집으로 돌아와야 했습니다.

아이들은 태석에게 제발 고등학교를 열어 달라고 끈질기게 졸라 댔습니다. 하지만 고등학교를 나무 밑에 열 수는 노릇이었습니다. 태석은 몇 해를 미루다 드디어 시작했습니다. 태석은 12년 과정의 학교를 만들었습니다. 아이들이 고등학교를 나와 대학으로 갈 수 있도록 해 주고 싶었습니다. 이렇게 '톤즈 돈 보스코 초·중·고등학교'가 세워졌습니다. 먼 곳에서도 많은 아이들이 공부를 하러 찾아왔습니다. 한국에서 가져온 한 고등학교 재고품 교복을 교복으로 하고 케냐의 나이로비에서 교과서를 구하고 교사 세 명도 구할 수 있었습니다.

아직 건물이 없어 초등학교 건물 창고를 교실로 꾸미며 고등학교를 시작하던 날, 태석은 선교사들과 함께 마음속으로 기쁨의 눈물을 흘렸습니다. 이곳 아이들과 수년간 함께 꾸어 왔던 소중한 꿈을 이룬 감격스러운 날이었습니다.

"우리 여학생들도 공부하고 싶어요!"

태석은 여학생들에게도 배움의 기회를 꼭 주고 싶었습니다. 그래서 최초로 여학생 기숙사를 마련했습니다.

"이제 우리들도 안전하게 마음 놓고 공부할 수 있다!"

여학생들이 무척 기뻐했습니다. 이제 드디어 남학생들처럼 마음껏 공부할 기회가 생긴 것입니다.

"교사가 부족해서 고등학교 수학을 가르칠 사람이 없어요."

그 사실을 알게 된 태석은 망설이지 않았습니다.

"그럼 내가 맡아서 아이들을 가르치겠습니다."

태석은 고등학교 수학을 맡아 직접 가르쳤습니다. 교실에서 공부하는 아이들의 배움에 대한 열기는 무척 뜨거웠습니다. 그래서 태석은 힘든 줄도 몰랐습니다.

야간에 진료실에 앉아 가끔씩 오는 응급 환자를 치료하거나 수학 문제를 들고 들어오는 학생들을 가르치는 것이 하나의 소박한 즐거움이 되어 버렸습니다.

태석은 '예수님이라면 이곳에 학교를 먼저 지으셨을까, 성당을 먼저 지으셨을까?'라는 생각을 자주 했습니다. 아무리 생각해 봐도 학교를 먼저 지으셨을 것 같았습니다. 사랑을 가르치는 성당과도 같은 거룩한 학교, '내 집'처럼 느껴지게 하는 정이 넘치는 학교, 그런 학교를 원하셨을 거라고 믿었습니다.

씨앗이 아름다운 열매를 맺다

　2009년 단풍이 빨갛게 익은 10월이었습니다. 암 환자들이 많이 찾는 양평의 한 수도원에서 작은 음악회가 열렸습니다. 마이크를 잡고 노래를 부르는 한 신부가 있었습니다. 그도 말기 암 환자였습니다. 하지만 표정은 밝고 미소를 잃지 않았습니다.

　"불꽃처럼 영롱한 사랑을 태우리라."

　노래를 부르는 사람은 바로 태석이었습니다. 톤즈에서 의사와 교사와 음악가로 활동하고 있을 그가 뜻밖의 장소에 있게 된 것이었습니다.

　그는 휴가차 들른 고국에서 건강 검진을 받았다가 뜻밖의 병을 발견했습니다. 대장암이 아주 심각하게 퍼져 있는 상황이라고 했습니다. 톤즈에 있을 때에도 이미 설사가 계속되고 복통이 있었으며 일상이 힘들 만큼 피곤하기도 했습니다. 그때는 병원 일과 학교 일이 많아 단순히 과로한 탓으로 여겼습니다. 의사인 자신이 정작 자신의 몸은 돌보지 않았던 것입니다.

그래서 태석은 톤즈로 돌아가지 못하고 항암 치료를 받게 되었습니다. 그가 부른 노래 가사처럼 영롱한 사랑을 불꽃처럼 피웠던 태석은 끝까지 톤즈의 아이들과 한센인들 곁으로 돌아가려 했습니다.

"우물도 파다 왔고, 약도 병원에 쌓여 있어요. 아이들이 무척 기다리고 있어요!"

기다리고 있을 아이들을 위해 열여섯 번이나 그 무서운 항암 치료를 받았습니다. 치료를 받으며 〈친구가 되어 주실래요?〉란 책을 쓰기도 했습니다. 그 책에는 톤즈에 있는 아이들과 한센인들의 이야기가 적혀 있었습니다. 가장 외롭고 가난한 톤즈 사람들의 진정한 친구가 되어 행복한 태석의 마음이 그대로 느껴지는 책이었습니다.

책이 나올 즈음에 태석은 이미 항암 치료를 받고 있었지만 책 내용엔 그런 사실이 들어가지 않았습니다. 어머니가 그 사실을 알면 놀라고 괴로워하실까 봐 알리고 싶지 않았던 것입니다.

태석은 어머니께 너무 죄송해서 처음엔 병을 알리지 않았습니다. 가족들에게 부탁해서, 톤즈로 다시 돌아갔다고 말했습니다. 대림동 수도원에서 요양을 하면서도 어머니께는 숨겼습니다. 그러다 나중에 병이 너무 심각해지자 어머니도 결국 그의 투병 사실을 알게 되었습니다. 어머니가 병원에 찾아오는 날이면 태석은 누님에게 부탁해서 외모를 깨끗이 하고 아주 단정한 모습으로 어머니를 맞이했습니다.

"어머니, 저는 괜찮아요. 곧 나을 거예요."

그는 어머니를 향해 활짝 웃었습니다. 몹시 야위었지만 표정만은 환하게 웃어 보였습니다.

태석은 결코 톤즈의 아이들을 한시도 잊지 않았습니다. 그래서 톤즈에 있는 두 학생을 불러와서 서울에서 유학을 할 수 있도록 돕기도 했습니다.

"이태석 신부님이 우리를 부르신다고요?"

톤즈에서 고등학교를 다니며 공부를 잘했던 벤자민과 존은 태석 덕분에 서울로 유학을 오게 되었습니다.

"신부님!"

"신부님, 보고 싶었어요."

토마스와 존은 태석을 병원 병실에서 보게 될 줄은 몰랐습니다. 얼굴을 알아보기 힘들 만큼 무척 야윈 태석을 보고 둘은 깜짝 놀랐습니다.

"토마스와 존이 이렇게 서울에 와서 무척 기쁘구나!"

태석은 두 제자가 온 것을 아주 기뻐했습니다. 그렇게 고통스러운 병을 앓으면서도 아픈 기색을 감추고 싶어 했습니다.

"너희가 하고 싶은 공부를 마음껏 하기 바란다."

토마스와 존은 눈물이 나는 것을 참으면서 고개를 끄덕였습니다. 그리고 태석이 자신들을 보며 반가워하고 기뻐하던 모습을 기억하며 열심히 공부하기로 결심했습니다.

안타깝게도 태석은 2010년 48세의 나이에 병상에서 눈을 감고 말았습니다. 곁에 있던 누나에게 "모든 것이 좋았다."고 한 뒤에 영원히 잠이 들었습니다. 오직 어머니께 죄송한 마음이 가득해서 끝까지 아픈 티를 내지 않고 웃는 얼굴을 보이려 애썼던 태석은 하늘나라로 어머니보다 먼저 떠나게 되었습니다.

태석이 떠난 뒤에 〈울지 마, 톤즈〉란 다큐멘터리 영화가 세상에 나왔습니다. 태석이 톤즈에서 어떻게 살았는지, 무슨 일이 있었는지 많은 사람들이 알게 되었습니다. 톤즈의 의사이자 학생들을 가르친 교사이고 음악가였으며 태양열을 만들어 학교와 병원을 세운 건축가였던 이태석 신부. 그는 예수님을 닮으려 봉사와 배려를 실천하는 사람이었습니다.

2018년 10월 19일에 실린 일간지 기사에는 다음과 같은 내용이 실렸습니다.

'울지마 톤즈' 남수단 교과서에 실린
故이태석 신부의 삶[2]

아프리카 남수단에서 봉사활동을 하다 암으로 2010년 선종한 고(故) 이태석 신부의 삶과 업적을 다룬 남수단 국정교과서가 지난달 발간됐다. 교과서는 내년 2월 새학기에 맞춰 일선 학교에 보급될 예정이다.

남수단에서 지역 사회에 기여했다는 이유로 외국인이 교과서에 소개된 것은 이태석 신부가 처음이다.

남수단 교육부에 따르면 남수단 초등학교 사회교과서에는 이 신부의 삶과 사진이 한 쪽 전면에 게재되고, 중학교 시민권(Citizenship) 과목

---
[2] 2018년 10월 19일 〈중앙일보〉에 홍지유 기자가 쓴 기사를 인용함.

교과서에는 두 쪽 전면에 걸쳐 실렸다. "그의 병원은 가톨릭과 개신교, 무슬림을 가리지 않았다. 심지어는 마을을 파괴한 군인들도 치료를 받았다." "그는 톤즈에 작은 병원을 세웠고, 하루 300명의 환자를 돌봤다. 학교를 지어 수학과 음악을 가르쳤고 80여개의 마을에 백신을 공급하기도 했다." 등 주로 그의 생애와 봉사 활동에 대해 기술한 내용이다.

이 신부는 2001년부터 남수단에서 가장 열악한 지역으로 꼽히는 톤즈에서 움막 진료실을 짓고 밤낮으로 환자를 돌봤다. 이곳의 유일한 의사였던 이 신부는 현지에서 '쫄리(John Lee)'라는 친근한 애칭으로 불렸다. 2010년 48세의 나이로 세상을 떠난 그의 봉사활동과 헌신적인 삶에 '수단의 슈바이처'라는 평가도 나왔다.

남수단 교육부 장관인 뎅뎅 호치 야이는 "이태석 신부님의 이야기를 교과서에 실을 수 있어 큰 영광"이라고 했습니다.

"이 신부님은 의사·음악가·선교사로서 수단의 톤즈 지역에서 10년 넘게 희생과 봉사를 몸소 실천하신 분으로, 그 분의 삶이 교과서에 남겨져 많은 청소년들에게 영감을 줄 것이라고 확신한다"고 밝혔다고 기사에 나와 있었습니다.

남수단 국정 교과서에는 태석이 살아 있을 때 톤즈의 아이들과 환하게 웃고 있는 사진이 담기게 되었습니다.

그 후로, 남수단의 작은 마을 톤즈에 태석이 지은 허름한 학교에서 6년 만에 국립 대학교 의대생이 57명이 나왔습니다. 그 작고 가난한 마을에서 상상도 할 수 없는 일이었습니다. 더 중요한 사실은 의대에 간 아이들이 먹고살기 위해 의사가 된 것이 아니라, 태석 때문에 의사가 되었다고 한 점이었습니다.

태석의 제자였던 학생들이 병원에서 의사가 되어 진료하는 모습을 보면 흥미로운 점이 있었습니다. 먼저 "어디가 아프세요?"라고 묻는 것이 아니라, 환자의 손부터 잡았습니다. 환자의 손을 잡고 인사를 하면서 개인적인 이야기를 나눈 뒤에 진료를 했습니다. 그 이유를 물어보면 제자들은 이렇게 말했습니다.

"이태석 신부님이 해 오던 진료 방법입니다."

태석은 결국 톤즈로 돌아가지 못했지만, 톤즈에 있던 제자들은 태석의 사랑과 헌신을 잊지 않았습니다. 특히 태석이 서울에 데려와 유학을 도운 토마스는 정형외과 레지던트 과정을 마쳤고 존도 의대를 졸업해 의사가 되었습니다. 두 사람은 의료 기술이 열악한 남수단으로 돌아가 태석처럼 수단 사람들을 위해 봉사할 계획을 세웠습니다.

가장 가난하고 험난한 곳에서도 환자들을 살리는 백신을 보관하는 냉장고를 위해, 아이들이 공부하는 학교를 위해 직접 태양광 패널을 설치해 전기를 공급했던 태석이었습니다. 음악과 악기를 가르치고 환자들을 위해 온 정성을 다했던 태석의 모습을 그대로 보고 함께했던 아이들이 자라서 지금은 수단에서 다양한 분야에 진출해 있습니다. 공무원과 대통령실 경호원, 언론인이 된 제자들도 나왔습니다.

한센병 환자였던 어머니와 함께 마을로 들어왔던 아이가 태석을 만나 미래에 대한 꿈을 갖게 되고 열심히 공부를 하여 기자가 되기도 했습니다.

태석 때문에 의사가 되기로 결심했던 학생들은 지금 톤즈의 한센인 마을에 들어가 주민들을 치료하는 봉사도 하고 있습니다. 또한 이태석 재단 장학회의 도움을 받아 우리나라 이화여자대학교를 졸업한 '아순타'라는 제자도 있습니다. 아순타는 장학회의 도움으로 서울에 와서 원하는 공부를 끝까지 마칠 수 있었습니다. 학교를 졸업하고, 나라를 위해 일하겠다는 마음을 간직하고 고향으로 돌아가던 날, 아버지는 딸이 자랑스럽다며 공항에 직접 나와서 아순타를 감동하게 만들었습니다. 아순타는 아버지의 품에 안겨 눈물을 흘렸고, 어머니는 딸이 너

무 기특하고 자랑스럽다며 이 모든 일이 태석 덕분이라고 고마워했습니다.

한 사람이 뿌린 씨앗이 커다란 나무로 성장한 순간이었습니

다. 사랑과 배려를 실천한 태석의 삶은 정말 짧지만 무척 의미 있고 아름다웠습니다. 태석이 톤즈에 뿌린 아름다운 씨앗은 앞으로도 두고두고 많은 열매를 맺어 세상을 밝힐 것입니다.

도움 받은 글과 영상 :

《친구가 되어 주실래요?》, 이태석, 2009년, 생활성서사
《우리는 이태석입니다》, 구수환, 2022년, 북루덴스
〈울지 마 톤즈〉 다큐멘터리 구수환 감독, 출연 이태석, 이금희, 2010년
〈울지 마 톤즈 2: 슈크란 바바〉 다큐멘터리 강성옥 감독, 출연 이태석, 이금희, 2020년
〈부활〉 다큐멘터리 구수환 감독, 출연 이태석 신부 제자들, 이태석 신부, 2021년

알베르트 슈바이처

"성공이 행복의 열쇠가 아니라, 행복이 성공의 열쇠입니다. 만약 당신이 지금 하고 있는 일을 사랑한다면, 당신은 성공한 것입니다."라고 알베르트 슈바이처는 말했습니다.

그가 좋아한 일은 여러 가지가 있었습니다. 그중에서도 그는 세상에서 소외되어 도움을 제대로 받지 못하는 어렵고 불행한 사람들을 살리는 일에서 가장 큰 행복을 얻었습니다. 그는 자신이 누리는 모든 것에 늘 감사했으며, 다른 사람에게도 감사한 마음을 베풀고 싶어 했습니다. 슈바이처는 자연의 모든 생명에 대한 존중에서 비롯된 나눔을 평생 실천한 공로로 1952년 노벨 평화상을 받기도 했습니다.

공감 능력이 뛰어났던 아이

생명에 대한 사랑을 평생 동안 실천했던 슈바이처는 1875년 1월 14일 독일과 프랑스의 국경 지대에 있는 알자스의 카이저스베르크에서 목사의 큰아들로 태어났습니다.

아기였을 때, 슈바이처는 몸이 아주 허약했습니다. 아버지가 귄스바흐 지방의 마을 교회 목사로 취임하던 날, 어머니는 아기인 슈바이처에게 고운 빛깔의 리본이 달린 흰색 정장을 정성껏 입혀 주었습니다. 하지만 취임식에 왔던 다른 교회 목사 부인들은 슈바이처의 창백하고 야윈 모습을 보고 놀랐습니다.

모두들 아파 보이는 아기에게 어떤 말을 해야 할지 몰라 당황했습니다. 그런 모습을 본 어머니는 서러움을 느끼고 아기 슈바이처를 데리고 침실로 들어가 하염없이 눈물을 흘렸습니다.

"이 아이가 과연 건강하게 잘 자랄 수 있을까?"

그날 슈바이처를 본 사람들은 아이도 걱정이었지만 너무 슬퍼하는 어머니를 염려하고 걱정했습니다.

하지만 다행히도 귄스바흐 지방의 신선한 공기와 이웃인 레오폴트 가족이 키우던 젖소의 우유 덕분인지 슈바이처는 점점 건강해졌습니다. 두 돌이 지나고 나서는 아주 튼튼해져서 건강 때문에 걱정을 끼치는 일이 없어졌습니다.

슈바이처는 세 명의 누이와 한 명의 남동생과 더불어 귄스바흐 마을의 목사관에 살면서 행복한 어린 시절을 보냈습니다. 그는 마음껏 자유를 누리면서 공상을 즐기는 아이로 자랐습니다. 슈바이처는 가족의 사랑을 느끼며 행복하게 지냈습니다.

슈바이처가 처음으로 양심에 부끄러움을 느낀 일이 일어난 것도 바로 그 시절이었습니다. 하루는 아버지가 정원에 있는 벌통을 손질하고 계실 때였습니다. 슈바이처는 뒤뜰에 있는 작은 의자에 앉아 있었습니다. 귀여운 곤충 한 마리가 슈바이처 손등에 내려앉자, 슈바이처는 그 작은 곤충이 장난감처럼 신기해 보였습니다. 손등에 기어 다니던 곤충이 꿀벌인 것도 까맣게 몰랐습니다.

아버지가 벌통에서 꿀이 가득한 벌집을 꺼내 가는 것에 화가 난 꿀벌은 가만히 있지 않고 그 자리에 있던 슈바이처를 공격했습니다.

"아얏!"

벌에 손등을 쏘인 슈바이처는 놀라고 너무 아팠습니다. 슈바이처가 지르는 비명 소리를 듣고 온 집안 식구들이 모여들었습니다.

"아이고, 어떡하니!"

"벌에 쏘였으니 정말 아프겠다!"

모두 슈바이처를 가엾게 여겨 달래느라 정신이 없었습니다. 어머니는 아버지에게 어린 아들을 안전한 곳에 데려다 놓지 않고 벌통을 건드렸다고 원망을 늘어놓았습니다. 이 일로 사람들의 온 관심을 끌게 되자, 슈바이처는 벌에 쏘였던 곳에 약을

발라 더 이상 아프지 않은데도 계속 눈물을 흘리며 동정을 사고 어리광을 부리느라 징징 댔습니다.

그때 마음속에서 이런 목소리가 들려 왔습니다.

'이제 아프지 않잖아. 그만 눈물을 그쳐!'

그 소리는 처음으로 들어 본 양심의 소리였습니다. 하지만 슈바이처는 사람들의 관심을 받는 것이 좋아 억지로 한참을 더 크게 울었습니다.

"으아아앙!"

사람들의 따스한 위로를 오랫동안 받고 싶은 응석은 통했습니다. 아무도 슈바이처의 엄살과 거짓 눈물을 알아채지 못했습니다.

하지만 문제는 그 뒤에 일어났습니다. 다른 사람들은 몰랐지만 정작 자신만은 너무 잘 알고 있었던 것입니다. 슈바이처는 거짓으로 아픈 척하며 울었던 일이 자꾸만 생각났습니다. 시간이 흐를수록 마음이 점점 더 불편해졌고, 두고두고 부끄러운 생각이 들었습니다. 누가 뭐라고 야단을 친 적도 없었는데 말입니다.

'다시는 이런 행동을 하지 말아야지!'

슈바이처는 이때의 기억을 결코 잊지 않았습니다. 나중에 어른이 되었을 때, 자신에게 일어난 일을 과장하거나 과시하고 싶은 유혹에 빠지지 않으려 노력했습니다. 사람들의 관심과 사랑을 받기 위해 엄살을 부렸던 나쁜 기억이 슈바이처에게는 소중한 가르침이 되었습니다.

슈바이처는 어려서부터 생명을 가진 존재들에 대한 관심이 남달랐습니다. 목사인 아버지의 영향을 받아서인지 항상 살아 있는 모든 것을 아끼고 보호해 주고 싶었습니다. 그래서 동물들이 고통스러워하는 모습을 보면 마음이 무척 아팠습니다.

슈바이처는 거리를 지나가다가 나이가 많이 들어 다리를 절뚝거리는 말 한 마리가 도살장에 억지로 끌려가는 모습을 보았습니다. 한 사람은 앞에서 말을 잡아당기고 한 사람은 막대기로 내려치면서 데려가는 모습을 본 슈바이처는 큰 충격을 받았습니다. 몇 주 동안 그 기억이 떠올라 마음을 괴롭혔습니다. 동물의 아픔까지 자신의 아픔처럼 느낄 만큼 공감 능력이 뛰어났기 때문입니다. 어린 나이인데도, 다른 생명체에 대한 연민을 느끼고 그들을 불쌍히 여기기 시작했습니다.

슈바이처는 초등학교에 들어가기 전부터 기도를 할 때마다 한 가지 의문이 들었습니다. 기도를 할 때, 오직 사람들만을 위해 기도한다는 점이 이해가 되지 않았습니다. 사람뿐 아니라 생명을 가진 모든 존재들을 위해 기도를 하고 싶었습니다. 슈바이처는 잠들기 전에 어머니와 함께 기도를 할 때마다 마음속으로 기도문을 직접 지었습니다.

'사랑의 주님, 숨을 쉬는 모든 살아 있는 생명들을 보호하시고 축복해 주세요. 모든 악에서 지켜 주시고 모두가 평안히 잠들게 해 주세요.'

일곱 살 무렵에 슈바이처에게 중요한 일이 또 일어났습니다. 봄철 수난주간 때였습니다. 슈바이처는 친구 하인리히와 함께 고무줄로 작은 돌멩이를 날릴 수 있는 새총을 만들었습니다.

일요일 아침에 하인리히가 슈바이처를 찾아왔습니다.

"우리 렙베르크 산에 가서 새들을 잡자!"

슈바이처는 새를 잡는 일이 정말 싫었습니다. 하지만 친구에게 비웃음을 살까 두려워 함께 나섰습니다. 산에 가니 사람을 별로 무서워하지 않는 새들이 나무에 앉아 있었습니다. 새들은 아침을 알리며 사랑스럽게 지저귀었습니다. 하인리히는 마치 사냥에 나선 인디언처럼 조약돌을 새총에 재고는 고무줄을 당겼습니다. 슈바이처도 하인리히의 명령하는 것만 같은 표정에 굴복하여 새총의 고무줄을 당기려고 했습니다.

'새를 맞추지 않을 거야. 빗나가게 쏘아야지!'

속으로는 그렇게 생각했습니다.

바로 그때였습니다.

"댕, 댕, 댕."

따스한 햇살과 새들의 노랫소리 사이로 교회의 종소리가 울려 퍼졌습니다. 예배 준비를 알리는 종소리였습니다. 하지만 그 소리는 슈바이처에게 하늘에서 내려오는 음성처럼 들렸습니다.

'살아 있는 생명들을 보호해 달라고 기도하지 않았느냐? 새들을 죽이지 마라!'

슈바이처는 고무 새총을 내던져 버렸습니다.

"훠이훠이, 어서 가 버려!"

새들이 나무 위로 멀리 날아가도록 쫓아내고는 집으로 도망쳐 버렸습니다.

그 후로 교회의 종소리가 햇살과 앙상한 나뭇가지 사이로 울려 퍼질 때마다 슈바이처는 언제나 떠올렸습니다. 그때의 종소리가 하느님과의 약속을 일깨워 준 데 감격하고 감사하면서 말입니다. 다른 생명체를 죽이거나 고통스럽게 해서는 안 된다는 자연과 하느님의 뜻을 신기한 방법으로 체험했다고 여겼습니다.

슈바이처는 싸움을 좋아하는 아이는 아니었습니다. 초등학교 시절, 남자애들끼리 놀다 보면 때때로 힘겨루기를 할 때가 있었습니다. 그날도 학교에서 돌아오는 길에 덩치가 크고 힘도 아주 셌던 아이와 힘겨루기를 하게 되었습니다. 그 아이의 이름은 게오르크 니첼름이었습니다.

"자, 덤벼라! 너 하나쯤은 가볍게 이길 수 있지."

게오르크는 큰소리를 치며 자신만만했습니다.

"좋아, 해 보자."

구경하던 아이들은 당연히 게오르크가 이기리라 생각했습니다.

"앗!"

근데 이게 웬일입니까! 의외로 질 줄 알았던 슈바이처가 힘겨루기에서 이겨 버렸습니다. 슈바이처의 밑에 깔린 게오르크는 분해서 어쩔 줄 몰랐습니다. 눈물까지 글썽거리며 말했습니다.

"나도 너처럼 매주 두 번씩 고깃국을 먹었다면 너한테 지지 않았다고!"

그 말을 들은 슈바이처는 큰 충격을 받았습니다.

'그럼, 친구들은 못 먹는 고깃국을 그동안 나만 먹었던 거야?'

슈바이처는 전혀 생각하지 못한 일이었습니다.

'모두 나와 같은 줄만 알았는데 그게 아니었어. 마을 친구들과 달리 나만 맛있는 것을 먹고 좋은 옷을 입고 지냈던 거야.'

그러고 보니 귄스바흐 마을의 동네 친구들은 모두 가난했습니다. 그래서 목사의 아들이었던 자신만 맛있는 음식을 먹을 수 있었다는 사실을 깨달았습니다. 게오르크의 말을 듣고 배고프고 불쌍한 친구들의 사정을 생각하게 되었습니다. 그날부터 슈바이처는 '고깃국'이 싫어지고 말았습니다. 식탁에 고깃국이 올라올 때마다 게오르크가 했던 말이 귓가에 들려오는 것 같았습니다.

"나도 너처럼 매주 두 번씩 고깃국을 먹었다면 너한테 지지 않았다고!"

슈바이처는 차마 고깃국을 먹을 수가 없었습니다.

"고깃국이 먹기 싫어졌어요. 이제는 질렸나 봐요."

그 말을 들은 부모님은 어이가 없었습니다. 영문을 모르는 부모님은 화를 내고 야단을 쳤지만 슈바이처는 국에 손도 대지 않았습니다.

"고깃국 말고 다른 음식들은 가리지 않고 먹을게요."

슈바이처는 다른 음식들은 골고루 먹었습니다. 어머니의 정성이 담겨 있는 걸 알고 있었기 때문입니다.

부모님은 이해할 수가 없었습니다. 예전에는 잘 먹던 고깃국을 먹지 않겠다고 하는 슈바이처의 고집을 이해할 수가 없었습니다.

그날 이후로 슈바이처는 다른 아이들과 다르게 보이지 않기 위해 애를 썼습니다. 아버지가 겨울에 입던 낡은 외투를 줄여서 슈바이처에게 물려주었습니다. 그런데 마을 아이들 중에는 외투를 입고 다니는 아이가 한 명도 없었습니다.

'나 혼자만 외투를 입고 다니기는 싫어!'

일요일에 교회에 가면서 처음으로 그 외투를 입어야 할 때가 왔습니다.

"외투를 입지 않을 거예요!"

슈바이처는 고집을 부렸습니다. 슈바이처의 속마음을 모르는 부모님이 화를 내며 한바탕 소동이 벌어졌습니다. 아버지한테 벌을 받아도 슈바이처는 뜻을 굽히지 않았습니다. 결국 슈바이처는 외투를 입지 않고 교회에 갔습니다.

어머니와 함께 들른 모자 가게에서도 슈바이처는 난리 법석을 피웠습니다. 새로 유행하는 모자를 사 주려는 어머니의 말을 듣지 않았기 때문이었습니다.

'멋지고 세련된 모자는 필요 없어!'

슈바이처는 어머니가 원하는 모자를 거절했습니다.

"이 모자가 좋아요!"

슈바이처가 고른 모자를 본 점원과 어머니는 깜짝 놀랐습니다. 모자 가게에서 가장 인기가 없고 값이 싼 밤색 모자를 골랐기 때문이었습니다. 그 모자는 눈에 띄지 않고 특별하지 않아서 좋았습니다. 다른 아이들도 흔히 쓰고 다니는 모자였습니다.

초등학교에 다니는 동안 슈바이처의 힘겨운 싸움은 계속되었습니다. 겨울 장갑도 벙어리장갑만 원했습니다. 마을 아이들과 다른 세련된 장갑을 끼고 싶지 않아서였습니다. 평일에는 세련된 가죽신 대신에 나무로 만든 신발을 신겠다고 했습니다. 마을 아이들도 주일날에만 가죽신을 신었기 때문입니다.

슈바이처는 친구들과 똑같은 모습으로 생활하는 것이 친구들의 고통을 함께하는 것이라고 느꼈습니다. 그렇게 해야 슈바이처는 마음이 편했습니다.

훌륭한 음악가였던 슈바이처

슈바이처의 외할아버지는 교사이면서 파이프 오르간 연주자였습니다. 외할아버지가 물려주신 피아노로 다섯 살 때부터 아버지에게 피아노를 배웠습니다. 슈바이처는 또래 아이들보다 훨씬 더 피아노를 잘 쳤습니다. 피아노를 배울수록 흥미를 느끼면서 음악을 무척 좋아하게 되었습니다.

슈바이처는 아버지와 함께 교회에서 지내는 시간이 많았습니다.

"아버지, 파이프 오르간 소리는 정말 아름다워요!"

슈바이처는 아버지가 치는 파이프 오르간 소리가 참 좋았습니다.

"나도 파이프 오르간 소리가 세상에서 가장 아름다운 음악 소리 같구나!"

아버지도 같은 마음이라고 했습니다.

"알베르트, 피아노 연습을 많이 하고 있니?"

"네! 저는 피아노 칠 때가 제일 즐거워요. 악보도 요새 많이 보고 있어요."

아버지는 이제 9살인 알베르트가 기특하게 느껴졌습니다.

"앞으로는 가끔씩 파이프 오르간을 연주해도 괜찮다."

그 말을 들은 슈바이처는 뛸 듯이 기뻤습니다.

"정말 제가 파이프 오르간을 쳐도 되는 거예요?"

"당연하고말고! 너는 훌륭한 파이프 오르간 연주자가 될 수도 있단다."

아버지의 인정과 칭찬을 받은 슈바이처는 마음 놓고 파이프

오르간 연주를 하게 되었습니다. 교회의 파이프 오르간을 연주하게 된 슈바이처는 더욱 음악의 매력에 푹 빠졌습니다.

어느덧 슈바이처는 부모님 곁을 떠나 뮐하우젠에서 김나지움(독일의 중등 교육 기관)을 다니게 되었습니다.

"작은 할아버지 댁에 가면 말씀 잘 듣고 항상 감사하는 마음으로 지내야 한다."

"그분들 덕분에 네가 김나지움에서 공부하게 된 거야."

아버지와 어머니는 슈바이처에게 신신당부를 했습니다. 슈바이처가 세례를 받을 때 대부가 되어 주었던 루이즈 작은 할아버지와 조피 작은 할머니는 기꺼이 슈바이처를 맡아 주었습니다. 부모님을 따나 살게 된 슈바이처는 다행히 원래 자식이 없었던 두 분의 극진한 보살핌 속에서 살았습니다. 작은 할아버지는 슈바이처를 엄격하지만 따스한 사랑으로 보살펴 주었습니다.

그런데 슈바이처의 청소년 시절에 한동안 그림자가 드리워진 적이 있었습니다. 자녀를 다섯이나 둔 시골 목사의 집에 경제적인 어려움이 찾아들었습니다. 어머니는 가능한 모든 부분에서 절약했습니다. 슈바이처도 김나지움을 다니는 뮐하우젠에서 최대한 아끼며 생활했습니다. 어느 가을에는 어머니가 슈바이처의 겨울 양복이 작아져서 새로 장만해야 한다는 사실을 알게 되었습니다.

"괜찮아요, 어머니. 저는 필요 없어요!"

슈바이처는 어머니의 걱정을 덜어 드리기 위해 완강하게 거절했습니다. 그러고는 줄어든 겨울 양복을 더 이상 입을 수가 없어 노란색의 여름 양복을 걸치고 다녔습니다.

"겨울에 무슨 여름 양복을 입고 다녀?"

급우들이 이상하게 여기며 가난한 아이 취급을 해도, 그런 눈길이 하나도 불편하지 않았습니다. 슈바이처는 어머니의 근심을 덜어 줄 수 있다는 사실이 더 중요했습니다.

작은 할아버지 댁에서는 꼭 지켜야 하는 규칙이 있었습니다. 점심 식사를 하고 나서 다시 학교로 돌아갈 때까지 피아노를 연습해야 했습니다. 저녁에도 학교 숙제를 마치고 나면 또 다시 피아노를 쳐야 했습니다. 특히 작은 할머니는 슈바이처를 피아노가 있는 방으로 들어가게 하면서 이런 말씀을 자주 했습니다.

"음악이 너의 인생에 얼마나 유익한 것인지 아직은 잘 모를 거다. 나중엔 꼭 깨닫게 될 거란다."

작은 할머니의 말씀이 옳았다는 것은 이후에 정말 증명이 되었습니다. 슈바이처가 음악의 도움으로 아프리카 원시림에 병원을 세우는 데 필요한 자금을 마련할 수 있게 되었기 때문이었습니다.

작은 할아버지 댁에서 슈바이처는 이렇게 피아노를 꾸준히 연습하며 실력을 쌓아 나갔습니다.

그러다가 본격적으로 음악 공부를 하게 된 것은 뮐하우젠 고등학교에 다닐 때였습니다. 오이겐 뮌히라는 음악 선생님을 만나게 되었는데, 오이겐 뮌히 선생님은 성 빌헬름 교회의 파이프 오르간 연주자이며, 자신이 창설한 바흐 합창단의 지휘자였습니다. '음악의 아버지'로 유명한 독일의 작곡가이며 오르간 연주자인 바흐의 음악을 무척 사랑한 분이셨습니다. 뮌히 선생님은 슈바이처가 성 슈테판 교회의 파이프 오르간으로 직접 연습할 수 있게 도와주었습니다. 훗날에 슈바이처가 바흐 음악의 권위자로 세계에 널리 알려지게 된 것도 이때 받은 영향이 컸습니다.

슈바이처는 뮐하우젠 고등학교에 다니던 시절, 열다섯 살이 되어서야 처음으로 극장에 가도 좋다는 허락을 받았습니다. 그때 리하르트 바그너의 〈탄호이저〉를 들었습니다. 이 음악에 너무 감동을 받고 압도된 슈바이처는 며칠 동안 학교 수업에도 주의를 기울이지 못했습니다. 그래서 바흐와 더불어 리하르트 바그너도 숭배하게 되었습니다.

1894년 슈바이처는 스트라스부르 대학에 입학하여 신학과 철학을 공부했습니다. 대학생이 된 슈바이처는 여전히 음악을 사랑했습니다. 음악 공연을 보러 가고 싶어서 며칠 동안 하루 한 끼만 먹으며 돈을 모을 정도였습니다.

그러다 또 한 분의 훌륭한 음악 스승을 만나게 되었습니다. 프랑스의 뛰어난 파이프 오르간 연주자였던 위도르 교수였습니다. 위도르 교수는 자신이 있는 음악원의 학생 이외에는 제자를 절대 받지 않는 사람이었지만, 슈바이처의 연주 실력을 보고 제자로 받아들였습니다. 슈바이처와 위도르 교수는 평생 동안 음악적 동료이며 스승과 제자로 지냈습니다.

졸업 후에는 철학 박사와 신학 박사 학위를 받았지만, 슈바이처의 음악에 대한 열정은 식을 줄 몰라 프랑스 파리 유학 시절부터 파이프 오르간 연주자로 활약하며 〈음악가이자 시인으로서의 바흐〉란 책을 썼습니다.

슈바이처는 음악가로서 바흐의 음악에 관해 이야기하고자 했습니다. 바흐 음악의 본질에 대한 해석과 올바른 연주법에 관한 문제를 다루고 싶었던 것입니다. 바흐는 음악에서의 시인이요 화가이며, 그의 음악 속에 모든 것이 담겨 있다고 생각했습니다. 이리저리 떠도는 안개, 불어오는 바람, 흘러가는 강물, 굳건한 신앙, 선과 악까지도요. 또한 슈바이처는 바흐의 음악을 건축에 빗대어 극찬하기도 했습니다.

이 책이 나오자마자 사방에서 많은 사람들의 편지가 날아왔습니다. 모두 호의적인 내용이었습니다. 특히 슈바이처가 존경하던 지휘자 펠릭스 모틀의 편지도 받았습니다. 슈바이처가 쓴 책을 보고 단숨에 읽어 버렸다는 것이었습니다. 두 사람은 서로 만나 좋은 시간도 보냈고 그 뒤에도 몇 번을 더 만나 신의를 다졌습니다. 또 바흐에 관한 책 덕분에 베를린의 바흐 음악 지휘자 지그프리트 옥스와도 알게 되어 두 사람의 우정은 점점 두터워졌습니다.

슈바이처는 자서전에 이렇게 썼습니다.

"나는 어린 시절부터 오르간 연주를 동경해 왔습니다. 이러한 동경은 내 핏속에 흐르고 있었습니다."

바흐에 관한 연구의 부산물로 파이프 오르간 제작에 관한 짧은 논문도 한 편 쓰게 되었습니다. 외할아버지로부터 파이프 오르간 제작에 대한 관심을 일찍이 물려받았던 슈바이처는 어린 시절부터 파이프 오르간의 내부를 알고 싶어 했습니다.

슈바이처는 현대의 파이프 오르간은 음향이란 측면에서 볼 때 진보가 아니라 오히려 퇴보하고 있다는 확신을 가졌습니다. 그 사실을 정확하게 확인하기 위해 몇 년 동안 틈이 날 때마다 다양한 파이프 오르간을 많이 구경하고 다녔습니다. 그뿐 아니라 파이프 오르간 연주자와 제작자들과도 만나서 이 문제에 대해 이야기했습니다. 옛 악기가 새 악기보다 음향이 더 좋다는 슈바이처의 견해는 대부분 사람들에게 조소와 조롱을 받았습니다. 하지만 슈바이처는 굽히지 않고 논문을 써 냈습니다.

"옛 통풍 상자 위에서는 파이프가 낭랑하고 부드럽고 풍성한 소리를 내지만, 새 통풍 상자 위에서는 딱딱하고 메마른 소리를 낸다. 옛 파이프 오르간의 음향은 부드러운 물결처럼 듣는 사람의 주의를 맴돈다. 그러나 새 파이프 오르간의 음향은 무섭게 밀려오는 것 같다."

파이프 오르간 제작의 개혁에 관해 슈바이처가 쓴 책자에서 제시한 의견은 차츰 주목을 끌게 되었습니다. 1909년 5월 빈에서 개최된 국제 음악협회 회의에서 귀도 아들러의 발의로 파이프 오르간 제작을 위한 분과가 처음으로 생기게 될 정도였습니다.

슈바이처의 음악에 대한 열정은 평생 계속 이어져서 〈독일과 프랑스의 오르간 제작법〉과 더불어 바흐와 음악에 대한 논문, 책을 꾸준히 집필했습니다.

그는 평생 스페인, 네덜란드, 영국, 스웨덴, 스위스, 덴마크, 독일, 체코 등에서 오르간 연주회를 열었습니다. 런던과 귄스바흐 등에서 음반 작업도 했습니다.

훗날 슈바이처는 자서전에 이런 글을 쓰기도 했습니다.

"내가 음악의 도움으로 아프리카 원시림에 병원을 세우는 데 필요한 자금을 마련할 수 있을 것이라고는 예상하지 못했습니다."

슈바이처는 자신이 좋아하는 음악을 다른 사람들과 나누면서 기금 마련에도 도움이 된다는 사실이 너무 행복했습니다. 아프리카에 가서 의사가 되어 봉사하는 삶을 살기까지 음악은 생활에 큰 도움을 주었기 때문이었습니다. 아프리카에 병원을 지으려면 정말 많은 돈이 필요했습니다. 재력가에게 후원을 받는다 해도 쉽지 않았습니다. 원시림에 병원을 짓고, 각종 의약품에 게다가 유능한 의사와 의료진을 모아 현지에서 생활해야 했습니다. 이를 위해 슈바이처는 부지런히 여러 도시를 다니며 오르간을 연주하고 음반을 판 돈으로 병원을 유지하는 일에 썼던 것입니다. 특히 1935년에 슈바이처가 런던의 '모든 성인의 교회'에서 연주한 바흐의 음원은 아름답기로 유명했습니다.

슈바이처의 음악을 무척 사랑하는 사람들 중에는 세계 최초로 뉴욕 필하모닉 오케스트라을 지휘한 여성 지휘자 안토니아

부라크가 있었습니다. 그녀는 슈바이처가 바흐 음악의 권위자라고 믿으며 우상처럼 존경했습니다. 그래서 1949년에 아프리카 랑바레네(지금의 가봉에 위치함)에 있는 슈바이처를 직접 찾아가기도 했습니다. 그 멀리까지 찾아간 음악가는 슈바이처를 만나 바흐와 음악에 대해 토론하면서 친구가 되었습니다. 음악을 사랑하는 마음이 통해서 슈바이처가 세상을 떠날 때까지 친하게 지냈습니다.

결국 슈바이처는 음악으로 인정받는 훌륭한 오르가니스트였지만, 자신이 가진 뛰어난 재능과 예술적인 능력을 결국에는 아프리카 의료 봉사를 위해 썼던 것입니다.

의사가 되기로 결심하다

1893년 슈바이처는 스트라스부르 대학에 입학해서 아버지의 영향으로 신학과 철학을 전공으로 선택했습니다. 그는 위도르 교수의 제자로 음악을 공부하면서 행복한 대학 시절을 보냈습니다.

1896년 슈바이처가 21살이 되던 해였습니다. 어느 평화로운 여름 날 아침, 귄스바흐에 있는 집에서 눈을 뜬 슈바이처는 문득 이런 생각이 들었습니다.

"지금 내가 느끼는 행복을 당연하게 생각하면 안 돼. 내가 받은 행복을 다른 불쌍하고 어려운 사람들도 느낄 수 있으면 좋겠어. 나만 행복한 건 옳은 일이 아니야. 이 세상에 있는 가난하고 고통스러운 사람들을 위해 무엇인가 나누고 싶어!"

특히 슈바이처는 예수님이 하신 말씀을 떠올렸습니다.

"누구든지 제 목숨을 구하고자 하면 잃을 것이요, 누구든지 나의 복음을 위하여 잃으면 구하리라."

그 말씀의 의미를 슈바이처는 곰곰이 생각해 보았습니다. 그리고 마침내 자신에게 어떤 의미를 지니는지 깨닫게 되었습니다.

한창 놀기 좋아할 20대의 젊은 나이였지만 슈바이처는 진지하게 고민했습니다. 그러곤 결심했습니다.

'서른 살까지는 나의 성장을 위해 학문과 예술을 열심히 하며 살자, 그 다음엔 인류를 위해 열심히 봉사하는 삶을 살자!'

슈바이처는 스물네 살이 되던 1899년 7월에 철학 박사 학위를 받았습니다. 그리고 견습 목사로 일하면서 1900년에는 신학 박사 학위를 받았습니다. 또한 바흐 음악에 관한 연구 논문을 발표하고 〈파이프 오르간의 연주법과 제작법〉이라는 책을 써서 사람들을 감탄하게 만들기도 했습니다. 이렇게 학문과 예술을 위해 노력하는 시간이 흘러 스물일곱 살이 된 1902년부터는 스트라스부르 대학 신학부의 강사로 근무하며 안정된 생활을 이어 나갔습니다.

'이제 나 자신의 성장만을 위해 살 시간도 얼마 남지 않았어. 시간을 더 아껴서 써야겠다.'

슈바이처는 30살이 되면 인류를 위해 봉사하겠다는 결심을 잊지 않고 있었습니다. 그러다 1905년에 슈바이처는 우연히 프랑스 파리 선교회가 활동하는 내용이 담긴 월간지 〈선교〉를 읽게 되었습니다. 선교사들은 적도 아프리카 지방에서는 주민들이 몸이 아파 자신들을 찾아와도 도움을 줄 수가 없다고 안타까워했습니다. 아프리카 사람들이 의사가 없어 큰 고통을 받고 있다는 사실을 그때 알았습니다.

'적도 아프리카 사람들은 무서운 질병에 시달리고 있지만 여기에는 병원과 의사가 하나도 없습니다. 우리는 의사 여러분들이 아프리카로 와 주기를 애타게 기다립니다.'

슈바이처는 갑자기 자신이 앞으로 할 일을 찾은 느낌이었습니다. 머릿속이 환하게 밝아졌습니다.

"바로 이 일이 내 몫이야! 인류를 위해 내가 봉사하기로 결심한 그 일 말이야."

슈바이처는 열악한 환경의 아프리카 사람들을 위해 자신이 의사가 되어야겠다고 결심했습니다. 아프리카 흑인들을 생각하다 보니, 어린 시절에 보았던 콜마르 입구에서 보았던 유명한 조각상을 본 기억이 떠올랐습니다. 프랑스의 유명한 해군 제독의 조각상 밑에는 슬픈 표정을 한 낯설게 생긴 사람이 한 명 앉아 있었습니다.

"어머니, 저 조각상 밑에 있는 사람은 우리랑 다르게 생겼어요."

어머니는 그때 알려 주었습니다.

"아, 흑인을 조각한 석상을 말하는구나."

"흑인이라고요? 왜 우리와 다른 모습을 하고 있는 거예요?"

"세상에는 다양한 사람들이 있단다, 우리처럼 피부가 하얀 사람도 있고, 흑인처럼 피부가 검은 사람도 있지. 다만 우리와 같은 곳에 살지 않아서 볼 기회가 없어 낯설게 보이는 거란다."

어머니는 피부색은 다르더라도 모두가 똑같은 사람이라고 말씀하셨습니다.

'다 똑같은 사람이라고 해도 표정이 너무나 슬퍼 보여!'

슈바이처는 콜마르에서 본 흑인 조각상의 슬픈 표정을 잊을 수가 없었습니다. 그러다 교회에서 아버지의 설교를 들으며 알게 되었습니다.

"아프리카에서 흑인들에게 전도를 하고 있는 선교사가 쓴 글을 읽어 드리겠습니다."

아버지는 다음과 같은 글을 읽어 주었습니다.

"부끄럽지만 우리 백인들은 아프리카 땅에 가서 많은 것을 빼앗아 왔습니다. 그중 가장 큰 잘못은 흑인을 노예라는 이름으로 짐승처럼 부렸다는 것입니다. 게다가 아프리카에 사는 흑인 주민들은 또 다른 커다란 고통을 받고 있습니다."

아프리카 주민들이 홍수와 가뭄, 배고픔에 시달리면서 병에 걸려도 제때 치료받지 못해 비참하게 죽어 간다는 내용이었습니다.

아버지가 설교를 마무리하며 "백인들은 아프리카에서 자원과 노동력을 빼앗았지만 이제 우리는 다른 생각과 행동을 할 때입니다. 그들을 위해 무언가를 해야 하지 않겠습니까?"라고 말씀하시자, 슈바이처는 마음속에서 종이 울리는 것 같았습니다.

그제야 슈바이처는 흑인 조각상이 슬픈 얼굴을 하고 있었던 이유를 깨달았습니다. 그 뒤로 슈바이처는 어른이 되어 고향에 방문할 때에도 늘 그 조각상을 보러 갔습니다.

그래서 프랑스 파리 선교회가 활동하는 내용이 담긴 월간지 〈선교〉를 통해 아프리카 주민들이 여전히 고통을 받고 있다는 사실을 알게 되었을 때, 자신이 꼭 해결해야 할 사명으로 받아들였던 것입니다. 더 이상 머뭇거릴 필요가 없었습니다.

몇 년 동안 신학 교수와 목사로 일하면서 말로 하는 일에 힘을 쏟았던 슈바이처는 사랑의 설교가 아니라 실제로 사랑을 실천해야겠다고 다짐했습니다. 게다가 의사가 되면 말이 통하지 않는다 해도 몸으로 일하며 소통할 수 있기 때문이었습니다.

이미 철학 박사이고 신학 박사이며 훌륭한 음악가였던 슈바이처가 늦은 나이에 의대 공부를 하려고 하자, 주위에서는 다들 반대가 심했습니다.

평소에 어려운 아프리카 사람들을 도와주어야 한다고 교회에서 설교를 했던 아버지도 반대를 할 정도였습니다.

"아프리카는 사나운 맹수들이 우글거리고 수많은 사람들이 전염병으로 죽어 가는 위험한 곳이란다. 그런 곳에 직접 가지 않고도 얼마든지 아프리카 사람들을 도울 수 있지 않니!"

"아버지, 그런 일들을 할 사람은 많이 있어요. 하지만 아프리카 주민들을 돌봐 줄 의사는 없어요. 불쌍하고 어려운 아프리카 주민들을 돕겠다는 제 결심은 변하지 않아요. 충분히 생각하고 내린 결정이에요."

어머니도 큰아들이 그런 낯설고 험한 곳으로 떠난다고 하니 큰 충격을 받아 앓아 누울 지경이었습니다. 하지만 한번 결심을 하면 반드시 실행하는 슈바이처의 뜻을 더 이상 말리지 못했습니다.

사람들은 슈바이처가 훌륭한 재능과 행복한 삶을 바보같이 포기한다고 여겼습니다.

"이미 목사이고 대학 교수까지 하는 사람이 도대체 의학 공부는 왜 하겠다는 건가?

"파이프 오르간 연주자로 지금도 자네가 사랑하고 좋아하는 일을 하고 있지 않은가!"

하지만 슈바이처의 마음은 흔들리지 않았습니다. 그래서 슈바이처는 서른 살에 모교에서 의학 공부를 시작했습니다.

짙은 안개가 낀 10월 말 어느 날이었습니다. 슈바이처는 첫 해부학 강의를 들으러 갔습니다. 그때부터 피로와의 어렵고 힘든 싸움이 시작되었습니다. 아무리 과학에 흥미를 느낀다 하더라도 30살이 넘은 사람의 기억력이 20대 학생들의 기억력을 당해 낼 수는 없었습니다. 그래도 열심히 공부를 해서 과정을 무사히 통과할 수 있었습니다.

의학 공부를 시작한 초기에는 경제적 문제로 고생이 많았지만 나중에는 바흐에 관한 독일어판 책이 성공을 거두고, 왕성한 연주 활동을 벌인 끝에 생활형편도 나아지고 용기가 생겼습니다.

슈바이처는 1910년 10월에 의학 국가 고시를 치렀습니다. 수험료는 9월 뮌헨의 프랑스 음악제에서 번 돈으로 마련할 수 있었습니다. 슈바이처는 이 음악제에서 위도르 교수의 지휘로 그가 바로 얼마 전에 완성한 파이프 오르간과 관현악을 위한 성교향곡을 연주했습니다. 그해 12월 17일, 외과 교수인 마델롱 교수한테서 마지막 시험을 치르고 난 슈바이처는 차가운 어둠이 깔린 병원 바깥으로 나왔습니다. '그 어렵고 긴 의학 공부가 정말 끝난 게 맞나?' 생각이 들 정도로 믿기지 않았습니다.

슈바이처는 이게 꿈이 아닌지 확인하고 싶었습니다. 정말 눈을 뜨고 있는 현실인가 꼬집어 볼 정도였습니다.

"자네는 건강하기 때문에 그런 일을 해낼 수가 있었네!"

마델롱 교수가 감탄하면서 슈바이처에게 말해 주었습니다. 그 목소리조차 멀리서 꿈결처럼 들려왔습니다.

의학 공부는 오랜 시간을 들여 힘들게 거쳐야 하는 과정이었습니다. 공부를 다 마쳤을 때엔 38세가 되었습니다. 의사 국가 고시를 통과하고 박사 학위를 받을 때까지 정말 어렵고 힘든 공부였지만 끝까지 포기하지 않았습니다. 스스로 결심하면 어떤 힘든 상황이 와도 물러나지 않는 강한 의지 덕분이었습니다. 의대 공부를 시작했을 때엔 경제적으로 어려워서 고생이 많았지만 나중엔 바흐에 관한 책과 연주회 수업이 생겨서 버틸 수 있었습니다.

슈바이처는 1912년 봄에 대학 교수직과 성 니콜라이 교회 목사직을 내놓았습니다. 앞으로는 설교도, 강의도 하지 않게 된다는 것은 슈바이처에게 견디기 어려운 체념이었습니다. 아프리카로 떠날 때까지 슈바이처는 마음을 다잡기 위해서 성 니콜라이 교회와 대학 옆을 지나다니는 것을 되도록 피했습니다. 이제 두 번 다시 활동할 수 없는 일터를 바라본다는 것은 너무도 아쉬운 일이었습니다.

그러던 중에 기쁜 일이 생겼는데, 1912년 6월 18일에 슈바이처는 결혼을 하게 되었습니다. 신부는 스트라스부르 역사가의 딸인 헬렌 브레슬라우였습니다.

슈바이처는 헬렌을 만나 사랑에 빠졌을 때, 자신의 상황을 정직하게 말했습니다.

"나는 아프리카로 떠날 사람입니다."

그 말을 들은 헬렌은 당황하지 않고 대답했습니다. 오히려 헬렌은 슈바이처의 표정과 목소리에서 결연한 다짐을 느꼈습니다.

"그럼 제가 간호학 공부를 하면 당신의 일을 도울 수 있겠네요."

헬렌은 간호학 공부를 시작하고, 결혼 전부터 슈바이처의 원고 정리나 인쇄, 교정을 보는 일에 큰 힘을 보탰습니다. 아프리카로 떠나기에 앞서 정리해야 할 여러 가지 저술이 많았기 때문입니다.

슈바이처의 삶의 목표를 이해하는 헬렌을 만난 것은 슈바이처에게는 정말 행운이었고 감사한 일이었습니다. 두 사람은 아프리카로 떠나기 전에 많은 사람들의 축복을 받으며 결혼식을 올렸습니다. 드디어 헬렌은 간호가사 되어 슈바이처와 봉사를 시작하였습니다.

슈바이처는 아프리카 원시림에서 병원을 차리고 살림을 꾸려 나가기 위해 많은 것들이 필요했습니다. 그 사업을 하기 위한 자금도 직접 마련해야 했습니다. 그 당시 슈바이처가 하려는 사업은 하나의 계획에 불과했기 때문에 많은 사람들의 공감을 구하기가 어려웠습니다. 친구들이나 친지들은 이 계획을 무모하게 받아들였고, 기부금을 부탁하려고 찾아오는 것을 반갑지 않게 여기는 경우가 많았습니다. 그러던 중에 스트라스부르 대학 독일인 교수단이 프랑스 식민지에 창설될 슈바이처의 사업을 위해 거액의 기부금을 내놓았습니다. 그 사실에 슈바이처는 큰 감동을 받았습니다. 또 성 니콜라이 교회 신도들이 자금을 마련해 주었고, 슈바이처의 동료나 제자들이 목사로 있는 교구에서도 후원해 주었습니다. 파리 바흐 협회 합창단과 연주회에서도 사업 자금이 들어왔습니다. 그렇게 해서 1년 동안 병원을 경영할 자금이 마련되었습니다.

슈바이처는 적도 아프리카에 떠나기 전에 단단히 각오를 했습니다.

"선한 일을 한다고 해서 사람들이 길에 있는 돌을 치워 주리라 생각해서는 안 된다. 오히려 길에 바위를 굴려다 놓으리라고 각오하고 시련을 받아들여야 한다."

슈바이처는 자서전에 그렇게 적었습니다. 그만큼 책임감을 느낀다는 뜻이었습니다. 그래서 시련을 견디며 더욱 강하고 훌륭해지리라 다짐했습니다.

아프리카 주민들의 '오강가'

 1913년 드디어 슈바이처는 아내 헬렌과 함께 아프리카의 랑바레네로 떠났습니다. 그곳은 날씨가 무덥고 습기가 많아서 농사를 짓기 어려운 땅이었습니다. 먹을 것도 부족했고, 마실 물도 넉넉하지 않았습니다. 숲과 초원에는 사나운 맹수들과 독사들이 우글우글했습니다. 게다가 모기에 잘못 물리면 말라리아라는 무서운 전염병에 걸리기도 했습니다. 이런 사실을 다 알면서도 슈바이처와 헬렌은 떠난 것이었습니다.
 그렇게 랑바레네로 가는 길은 매우 위험하고 험난했습니다. 또 강에는 무서운 하마가 있었지만 건너야만 했습니다. 랑바레네에 도착한 슈바이처 부부는 주민들의 모습을 보고 깜짝 놀랐습니다. 배고픔과 질병으로 뼈만 앙상하게 남아 있는 쇠약한 모습이었습니다. 짐작했던 것보다 상황은 훨씬 심각했습니다.

"이곳 사람들은 의사의 치료도 전혀 받지 못하고 불행한 생활을 하고 있었군요! 우리가 오기를 정말 잘했어요."

슈바이처는 아내 헬렌에게 함께 힘을 내자고 말하며 서로에게 용기를 주었습니다. 병원 건물도 없어서 서둘러 낡은 닭장을 청소하고 고쳐 임시로 환자들을 보살피는 진료소로 만들었습니다. 금방 입소문이 나자 환자들이 몰려와 정신없이 바빠졌습니다. 간호사 교육을 받은 헬렌은 병원 일을 잘 도왔습니다. 중환자를 보살피고, 내의와 붕대를 관리하고, 약국 일을 돌보고, 의료 기구를 정리하고 수술 준비를 했습니다.

"제가 도와드릴까요?"

요제프라는 영리한 주민 청년이 통역을 도와주었습니다. 영어와 프랑스어를 할 줄 알아서 훌륭한 조수 역할을 해 주었습니다.

워낙 많은 주민들을 치료하다 보니, 어느새 가져간 약과 의료 도구들마저 금방 동이 나고 말았습니다. 게다가 수술을 해야 하는 환자도 있는데 수술실과 수술 도구가 없어서 쩔쩔맸습니다.

"이 상태로는 주민들을 제대로 치료할 수가 없어! 병원 건물을 세워야 해."

슈바이처는 선교 단체를 찾아가 간곡하게 부탁했습니다.

"이 상태로는 주민들이 계속 죽을 수밖에 없습니다. 뜨거운 햇볕과 먼지, 나쁜 벌레들과 위험한 동물들이 있는 곳에서는 진정한 치료를 할 수가 없습니

다. 그러니 병원 건물이 있어야 합니다."

슈바이처의 절박한 간청은 이루어졌습니다. 선교 단체의 도움으로 드디어 병원이 세워졌습니다. 꿈에도 그리던 새 병원이 완성되자, 슈바이처는 하루에 거의 16시간이나 환자를 진료했습니다.

그러던 어느 날이었습니다. 다리를 심하게 다친 한 소녀가 병원에 찾아왔습니다. 슈바이처는 상처를 치료하기 위해 수술을 하기로 했습니다.

"상처를 소독하고 마취제를 써야겠어요. 헬렌, 도와줘요."

간호사로 일하는 아내 헬렌의 도움으로 슈바이처는 소녀를 마취하고 수술했습니다. 수술은 무사히 끝났고 소녀는 아직 마취가 풀리지 않아 잠만 잤습니다.

"수술을 하다 죽었나 봐!"

"아이고!"

사람들은 소녀가 자는 모습을 보고 죽었다고 생각했습니다. 하지만 얼마 후에 소녀가 마취에서 깨어났습니다. 마치 잠에서 깨어난 자연스러운 모습으로 사람들을 바라보았습니다.

"으악!"

"죽었다가 살아났다!"

주민들은 너무나 놀랐습니다. 죽었던 소녀가 다시 살아난 기적이 일어났다고 믿었습니다.

"오강가가 살렸다!"

"슈바이처 박사는 오강가야!"

주민들은 그때부터 슈바이처 박사를 '오강가'라고 불렀습니다. 오강가는 아프리카 말로 '마술사'라는 뜻이었습니다.

주민들이 슈바이처의 진료를 받으며 가장 놀라워한 것은 '마취'였습니다. 학교의 여학생들이 유럽의 일요 학교와 편지를 교환하는 일이 있었습니다. 거기에 이런 구절을 적는 여학생이 있을 정도였습니다.

"의사 선생님이 이곳에 오신 후로 우리들은 이상한 것을 경험했습니다. 그는 먼저 환자를 죽여 놓고 나서 치료를 합니다. 나중에 다시 환자를 살려 냅니다."

주민들에게 마취란 바로 죽음인 것이었습니다. 그래서 마취로 수술을 받은 환자들은 이렇게 말했습니다.

"나는 죽었었습니다."

그 뒤로 더 많은 주민들이 찾아오게 되었습니다. 무더운 더위와 독성을 가진 벌레들로 힘든 상황에서도 슈바이처는 환자를 보살피는 일에 정성을 다했습니다.

아프리카 주민들은 습기가 차고 청결하지 못한 환경 때문에 피부병을 특히 많이 앓았습니다. '옴'이라는 피부병 때문에 주민들은 가려움과 고통으로 고생이 많았습니다. 그 모습이 안타까웠던 슈바이처는 직접 피부병에 좋은 약을 만들었습니다.

"이 약을 바르면 훨씬 좋아질 겁니다."

주민들은 피부약을 바르고 나서 정말 덜 가렵고 피부가 좋아졌습니다.

"오염된 물을 그냥 마시면 배탈이 나게 됩니다. 그러니 마을을 다니면서 더러운 물, 특히 동물이 빠져 죽은 물은 절대 마시지 못하게 하세요."

슈바이처는 사람들에게 당부했습니다.

주민들의 심장병, 수면병을 비롯한 다양한 병을 진료하다 보니, 슈바이처는 모든 병을 고쳐 주는 정말 '오강가' 같은 존재가 되었습니다.

"이 많은 사람들을 살리기 위해서는 더 많은 의약품과 도움이 필요하구나!"

슈바이처는 부족한 의료 시설과 의료진이 없는 점을 안타까워할 뿐이었습니다. 슈바이처와 아내 헬렌 두 사람의 힘만으로는 주민들을 돌보기가 힘들었기 때문이었습니다.

　그곳에서 일하면서도 슈바이처는 음악에 대한 열정과 사랑을 계속 간직할 수 있었습니다. 파리의 바흐 협회에서 특별히 열대 지방에서 사용할 수 있는 피아노를 만들어 보내 주었습니다. 슈바이처에게 너무나 기쁘고 고마운 일이었습니다. 이 피아노는 아프리카 생활에 지칠 때마다 슈바이처에게 큰 위로가 되어 주었습니다. 덕분에 슈바이처는 피아노를 계속 치면서 음악 활동을 할 수 있었습니다.

　슈바이처가 아프리카에서 의료 봉사를 하는 동안, 뜻하지 않은 고난이 닥쳐왔습니다.

　제1차 세계 대전으로 독일과 프랑스 연합군 사이에 전쟁이 일어난 것이었습니다. 당시 슈바이처가 병원을 세우고 일하던 랑바레네는 프랑스 땅이었습니다. 그래서 독일인이었던 슈바이처는 전쟁 포로가 되고 말았습니다. 어쩔 수 없이 슈바이처 부부는 포로수용소로 끌려가게 되었습니다.

　"오강가, 우리 오강가! 꼭 살아 돌아오세요."

　"오강가가 무사하길 기도할게요!"

주민들은 몹시 슬퍼하면서 안타까워했습니다. 슈바이처는 주민들에게 약속했습니다.

"전쟁이 끝나면 꼭 돌아올게요. 저는 여러분과 함께할 겁니다."

슈바이처의 고향, 랑바레네

포로수용소에서도 슈바이처는 두고 온 주민들 걱정뿐이었습니다. 아픈 환자들을 치료할 수 없는 상황이 너무 괴로워 잠도 제대로 이루지 못할 정도였습니다. 포로수용소에 갇혀서도 슈바이처는 감시의 눈을 피해 아픈 사람들을 치료해 주었습니다. 그러자 슈바이처를 찾는 사람들이 점점 늘어나는 바람에 결국 수용소에서는 슈바이처를 위한 진료소를 마련해 주게 되었습니다.

그렇게 힘든 시련을 견디면서 슈바이처는 전쟁이 끝나기만을 기다렸습니다. 드디어 끔찍한 전쟁이 끝나고 해방의 날이 왔습니다. 1918년에 제1차 세계 대전의 휴전 협정이 이루어졌습니다. 슈바이처와 헬렌은 무척 기뻐했습니다. 그 이듬해 1월에는 딸 레나가 세상에 태어나는 기쁜 일이 또 생겼습니다. 슈바이처는 랑바레네를 떠나 있는 동안 대학에서 강의를 하며 책을 펴냈습니다. 〈물과 원시림 사이에서〉라는 책이었습니다. 아프리카에서 4년 반 동안 생활한 내용을 그대로 자세하게 쓴 책이었습니다. 사람들은 책을 통해 비로소 슈바이처가 원시림에 들어가 어떤 훌륭하고 어려운 일을 했는지 알게 되었습니다. 슈바이처에게 직접 이야기를 듣고 싶어 하는 사람들의 강연 요청이 늘어났습니다.

　슈바이처는 아프리카 사람들을 돕기 위한 자금을 마련하기 위해 독일 전역에서 강연과 파이프 오르간 연주회를 이어 갔습니다.

"아프리카 사람들은 여러분의 도움이 간절히 필요하답니다."

　슈바이처의 이야기를 들은 사람들은 아프리카에서 슈바이처가 하는 일을 돕기로 했습니다. 많은 사람들이 슈바이처의 봉사를 알게 되고 감동했기 때문이었습니다. 덕분에 슈바이처는 랑바레네 사람들에게 한 약속을 지킬 수 있게 되었습니다. 수많은 사람들이 도움의 손길을 건넨 덕분이었습니다.

슈바이처는 그동안 모은 돈을 가지고 랑바레네로 돌아갈 수 있게 되었습니다. 그런데 마음에 걸리는 일이 한 가지 있었습니다. 부인 헬렌의 건강 상태가 좋지 않았습니다.

"랑바레네로 돌아가서 주민들을 치료하고 싶지요?"

"돌아가고 싶지만 당신과 레나는 어떻게 하고요……."

헬렌은 슈바이처에게 진심으로 말했습니다.

"당신이 한 약속을 드디어 지킬 수 있게 되었잖아요. 저랑 레나는 걱정하지 마세요. 당신이 가장 행복한 모습일 때는 주민들을 돌보고 있을 때예요."

슈바이처는 헬렌의 말에 용기를 얻었습니다. 그래서 걱정을 뒤로하고 마음 편하게 떠날 수 있었습니다.

"오강가가 돌아오셨다!"

수많은 주민들이 부모를 기다린 아이처럼 반가워했습니다.

"우리 형제 오강가가 약속을 지키려고 돌아왔다!"

슈바이처는 가슴이 뭉클하고 눈물이 글썽했습니다. 진심으로 기뻐하는 주민들을 보자, 그동안의 마음고생이 사르르 녹아내렸습니다.

‘나는 앞으로도 아프리카에서 병으로 고통받는 사람들을 위해 살아갈 거야!’

슈바이처는 랑바레네에 넓고 깨끗한 병원을 지었습니다. 어려서부터 동물의 생명을 소중하게 여기고 모든 생명체는 귀하다고 생각한 슈바이처였습니다. 그래서 슈바이처가 운영하는 병원에는 동물들이 자유롭게 뛰어놀 수 있었습니다. 병원 안에는 과수원과 텃밭이 있어서 누구나 맛있는 열매도 따 먹을 수 있었습니다. 사람들이 마치 ‘에덴동산’ 같다고 여길 정도였습니다.

또 슈바이처는 다른 나라로 강연을 다니면서 많은 사람들에게 아프리카의 사정을 계속 알리고 다녔습니다. 그러자 슈바이처가 사랑을 실천하고 헌신하는 모습에 감탄하고 감동한 많은 사람들이 슈바이처를 돕기 위해 랑바레네에 찾아오기도 했습니다. 세계 곳곳에 사는 사람들의 도움으로 병원은 직원도 많아지고 운영이 잘 되었습니다. 몸은 비록 바쁘고 고단했지만 슈바이처는 그 어느 때보다 마음이 행복했습니다.

슈바이처는 아프리카 주민들을 위한 음악회를 가끔 열어서 환자들의 몸뿐 아니라 마음까지 위로하고 치료했습니다.

1952년, 아프고 가난한 사람들을 위해 온 생애를 바친 슈바이처에게 노벨 평화상이 주어졌습니다. 슈바이처는 상을 받는다는 명예보다는 상금으로 아픈 사람들을 도울 수 있다는 사실에 무척 기뻐했습니다.

"정말 다행이다! 상금으로 한센병 환자들을 위한 마을을 세워야지."

　실제로 슈바이처는 받은 상금을 모두 한센병 환자들의 따뜻한 보금자리를 만드는 일에 썼습니다.

　1952년 노벨 평화상을 받기 위해 시상식에 가던 슈바이처에 관한 재미있는 일화가 있습니다. 파리의 어느 기차역 앞에 사람들이 북적거렸습니다. 카메라를 든 기자들이 누군가를 기다리고 있었습니다. 슈바이처가 탄 기차가 곧 도착한다는 소식 때문이었습니다. 기다리던 기차가 드디어 도착했습니다. 기자들은 다급하게 기차로 뛰어 올라갔습니다. 특등실로 달려간 기자들은 당황했습니다. 슈바이처 박사가 분명히 있을 줄 알았는데 보이지 않았습니다. 두리번거리던 기자들은 특등실 다음인 1등 칸으로 달려갔습니다. 거기에도 슈바이처 박사는 없었습니다. 마지막으로 2등 칸에 찾아간 기자들은 슈바이처 박사를 찾을 수가 없었습니다. 기자들은 실망해서 잘못 알았다고 여기며 기차에서 내렸습니다. 오직 한 사람만 기차에서 내리지 않았습니다. 영국 기자인 그는 아직 가 보지 않은 3등 칸으로 향했습니다. 가장 값싸고 불편한 3등 칸에 슈바이처 박사가 있을 것이라고 생각하지 않은 기자들이 다 떠난 뒤였습니다.

"슈바이처 박사님!"

놀랍게도 슈바이처 박사는 더럽고 낡은 3등 칸에 있었습니다. 게다가 아파 보이는 어떤 사람을 치료해 주는 중이었습니다.

"아니, 왜 여기에 타고 계셨습니까?"

기자는 놀라서 물었습니다.

"이 기차엔 4등 칸이 없어서요."

알고 보니 슈바이처 박사는 특별히 좋은 자리를 받았는데도 일부러 3등 칸으로 갔던 것이었습니다.

"저는 편한 곳을 찾아다니는 사람이 아닙니다. 제 도움이 필요한 사람을 찾아다니고 있어요. 특등실에 탄 사람들은 언제든지 좋은 치료를 받을 수 있으니 제 도움이 필요하지 않답니다."

슈바이처의 말을 들은 기자는 감탄하여 말문이 막혔습니다.

슈바이처는 이렇게 언제나 자신의 도움이 필요한 사람들과 함께하고 싶어 했습니다. 어렵고 아픈 사람들이 있는 자리가 자신이 있을 곳이라고 여겼고, 어려운 사람들이 치료가 필요할 땐 당장 그 사람들이 있는 곳을 찾아다녔습니다. 또 그는 항상 자신의 생각을 실천하는 사람이기도 했습니다.

아프리카의 성자로 불리는 알베르트 슈바이처는 노벨 평화상을 받으러 가는 기차 안에서까지도 불쌍하고 가난한 환자들을 찾아 돌보았습니다. 어쩌면 참다운 슈바이처의 모습이었는지도 모릅니다.

그 후, 슈바이처는 마지막 눈을 감을 때까지 랑바레네에서 살았습니다. 특히, 자신처럼 음악을 사랑하는 딸 레나의 오르간 소리를 듣는 것을 무척 좋아했습니다. 이미 아내 헬렌은 세상을 떠나 혼자가 되었지만 랑바레네에서 아내의 몫까지 더 열심히 봉사를 하며 지내고 있었습니다.

1965년 9월이었습니다. 그가 아흔 살이 된 해였습니다. 병으로 쓰러지자 그 소식을 들은 전 세계 사람들은 안타까워했습니다. 그리고, 결국 슈바이처는 딸 레나의 오르간 연주를 자장가처럼 들으면서 자신이 지은 병원의 병실에서 눈을 감았습니다.

평소에 그가 원하던 대로 슈바이처는 그가 사랑하던 아프리카 땅에 묻혔습니다. 랑바레네에 있는 아내의 무덤 옆에 말입니다.

이제, '아프리카의 성자'라고 불리는 슈바이처는 세상을 떠났지만 슈바이처의 생명에 대한 사랑과 헌신은 영원히 기억될 것입니다.

도움 받은 글 :

《나의 어린 시절》, 알베르트 슈바이처 지음, 권혁준 옮김, 2006년, 정원
《나의 생애와 사상》, 알베르트 슈바이처 지음, 천병희 옮김, 1999년, 문예출판사
《물과 원시림 사이에서》, 알베르트 슈바이처 지음, 송영택 옮김, 1999년, 문예출판사

이 시대를 빛낸 인물 시리즈 1

이태석과 슈바이처

초판 1쇄 발행 2022년 11월 29일
초판 2쇄 발행 2024년 5월 27일

글쓴이 정 진
그린이 이경국
펴낸이 김옥희
펴낸곳 아주좋은날
교정교열 이지수
디자인 안은정
마케팅 양창우, 김혜경

출판등록 2004년 8월 5일 제16-3393호
주소 서울시 강남구 테헤란로 201, 501호
전화 (02) 557-2031
팩스 (02) 557-2032
홈페이지 www.appletreetales.com
블로그 http://blog.naver.com/appletales
페이스북 https://www.facebook.com/appletales
트위터 https://twitter.com/appletales1
인스타그램 @appletreetales, @애플트리태일즈

ISBN 979-11-92058-16-0 (74810)
ISBN 979-11-92058-15-3 (세트)

ⓒ 정진, 2022
ⓒ 이경국, 2022

이 책의 무단전재와 무단복제를 금지하며,
책 내용의 전부 또는 일부를 이용하려면 반드시 아주좋은날(애플트리태일즈)의 동의를 받아야 합니다.

잘못 만들어진 책은 구입한 곳에서 바꿔드립니다.
값은 뒤표지에 표시되어 있습니다.

아주좋은날 은 애플트리태일즈의 실용·아동 전문 브랜드입니다.

어린이제품 안전특별법에 의한 기타 표시사항

품명 : 도서 | 제조 연월 : 2024년 5월 | 제조자명 : 애플트리태일즈 | 제조국 : 대한민국
사용연령 : 9세 이상 | 주소 : 서울시 강남구 테헤란로 201, 5층(02-557-2031)